住んでる人の性格は

土地家屋調査士
平田真義

家と土地が教えてくれる

自由国民社

はじめに

初めて訪れる家のインターフォンを押すときは、今でも緊張します。

この家には一体どんな人が住んでいるのだろう。怖い人が出てきて、突然怒鳴られたらどうしよう。いいや、怒鳴られるだけならまだマシなのかもしれない。手が出たり足が出たり、通報されたり、訴えられたりするかも？

嫌な想像が次から次へと浮かび、手のひらにじっとりと汗がにじみます。

これまで仕事で2000軒以上の家を訪れてきたのに、それでもまだ慣れません。

家はブラックボックスのようなもの。そこでどんな人がどんなふうに暮らしているのかは、ふたを開けてみるまで、何もわかりません。

もし、インターフォンを押す前に、どんな人が住んでいるかわかる方法があれば、心の準備もできるし、未然に防げるトラブルも多いだろうに……。

実は、あるのです。心理学と、私の膨大なお宅訪問の経験をかけ合わせ、分析を重ねた結果、ある程度ではありますが、「ふた（玄関）を開ける前に住人のことがわかる」ようになってきました。その方法をまとめたのが本書です。

冒頭の数行を読んでお察しかもしれませんが、私は非常に小心者です。お宅訪問のたびに緊張で震えてしまうのは、もちろん私のその性質のせいもありますが、それだけ怖い経験をしてきたからということもあるのです。

私は土地家屋調査士として仕事をしています。不動産の登記に必要な土地や建物の測量作業を2000軒以上行ってきました。

この仕事の中で、見知らぬ方のお宅にいきなり「ピンポン」しなければならないのは、土地の境界の調査のときです。依頼者さんが所有する土地の隣地の地主さんに立ち会っていただき、現地で敷地の境界線を確認するのです。例えば、土地を売却したいときや、隣家との間に塀を設置したいとき、親が残した土地を兄弟などの相続人で分割したいときなどにご依頼をいただいて、現地の調査に伺います。

突然見知らぬ人が訪ねて来て境界がどうとか言われるのですから、何かと物騒なこのご時世、嫌がられるのも無理はないかもしれません。

しかし、「なんでそんなことしなきゃいけないんだ⁉」「お隣さんが嫌いなので、協力したくないです」「忙しくて時間が取れない」といった対応に遭うことがあまりに多く、困り果ててしまうこともしばしば。

まだこの仕事を始めて日が浅いころ、依頼者さんとお隣さんが口ゲンカを始めてしまったことがありました。

そのあまりの剣幕に、私は成すすべもなく立ち尽くすばかり。そんな出来事をきっかけに、軽い対人恐怖症になってしまいました。「もうこの仕事をやめようかな」とまで思い詰めました。

そんな絶望的な私を救ってくれたのが、1冊の本でした。

書店で偶然、『「ムカつく！」相手と上手につきあう方法』（林恭弘著　総合法令出版）という本が目に留まりました。どちらかと言えば、その本のサブタイトルの「人づきあいが楽しくなる！　カンタンな習慣」というフレーズに目が釘付けになり、思わず手に取っていたのです。

その本には、こんなことが書いてありました。

「相手は変わらない。しかし、自分は変えられるし、成長できる。自分が成長すれば、相手が変わったように見ることができる」

目からうろこが落ちたかのようでした。怖い所有者さんは変えられないけれど、私が変わればもう相手を脅威に思うことはなくせるのかもしれません。私はさっそく、著者プロフィールに記載されていた「日本メンタルヘルス協会」に入会し、最終的に同協会の心理カウンセラーになりました。

心理を学んだ私は成長できたのか？　それはまだわかりません。でも、思いがけない副産物がありました。**仕事で接する人の心理がある程度わかるようになった**のです。

さらに、**不動産を見ただけで、住んでいる人の特徴が何となく察せられる**ようにもなってきました。

インターフォンを押す前に、その家の人がどんな人かわかれば、ある程度心構えはできます（怖いのは変わりありませんけれどね）。

家を見るときのポイントを挙げておきましょう。

- ☑ **駐車の仕方は問題ないか？**
- ☑ **表札はあるか？　大きさは？**
- ☑ **窓はあるのか？　どんな状態か？**
- ☑ **庭は手入れされているのか？**
- ☑ **ベランダはどんな状態か？**
- ☑ **洗濯物は？**

これらをざっとチェックし、家の人がどんな人か予測を立て、答え合わせをします。

一般的に「こんな家に住んでいる人はヤバいに違いない！」と思うようなド派手な家やゴミ屋敷に住んでいる人がごく普通の人だったり、きちんと整った家に住んでいるのに、なんだか怖い人だったり……。想像とご本人とのギャップを埋める作業を続けるにつけ、私の中にデータが蓄積されていき、やがて予測の精度が上がっていきました。

自分の中のデータベースと照らし合わせて、家主の人物像を予測する、まさに「プロファイリング」の手法が確立したのです。

本書は、引っ越しを考えている人、これから土地や家を買いたいと思っている人、物件を案内する不動産のお仕事をしている方などに向けて、私の確立したプロファイリングをまとめてご紹介するものです。私のように突然見知らぬお宅を訪問しなければならない仕事をしている人にもお役に立つ部分があるかもしれません。

どれだけ立地がよく、快適な環境であっても、厄介な人がご近所にいたらおしまいです。ご近所トラブルはもはやご自身や家族の命までも脅かされる重大な問題だと、ニュースなどを見ていて実感している方も多いでしょう。

本書を物件選びやお仕事に役立てていただければ幸甚です。

住んでる人の性格は家と土地が教えてくれる

CONTENTS

第3章 物件からは想像できなかった住人の本当の姿

キケン？　それとも問題なし？

本書の内容は、実在の個人や団体等が特定されないよう、名前・地域・エピソードなどを変更しています。

企画協力　NPO法人企画のたまご屋さん
　　　　　森久保 美樹
編集協力　高比良 育美
イラスト　小坂タイチ
ブックデザイン　沢田 幸平 (happeace)
本文DTP　株式会社シーエーシー

第1章

不動産は住人の心を映す鏡です！

不動産を見れば住人の特徴がわかる

「この家には、どんな人が住んでいるんだろう？」

あなたのご近所に、そんなふうに考えてしまうような家はありませんか？　昔に比べて近所付き合いが希薄になった今、特に都心部にお住まいなら、何年も住んでいるのに「隣は何をする人ぞ」と思っていても不思議ではありません。

今、特に問題が起きているわけでなければ、無理に知る必要もないでしょう。しかし、これから**引っ越しや新居の購入を考えているのなら、引っ越し先のお隣さんやご近所さんに無関心ではいられません。**

一番多い近隣トラブルは騒音だと言いますが、ささいな生活音にケチをつけるような人がいたら厄介です。厄介どころか、危害を加えてくるような人だったら……。

かといって、こちらが騒音で迷惑をかけられるのもごめんです。ゴミや私物をこちらの敷地にまで散らかすような人は困りものですし、反対にゴミ出しなどのルールに妙に細かい人がいても嫌ですよね。

どんなトラブルがあっても、相手ときちんと話ができて、譲歩し合えるならよいのですが、「そっちが言うことを聞け！」という態度を取られたら、小心者の私だったらどうしたらいいのかわからなくなってしまいます。

何が出るかは運しだいということで、カプセルトイの愛称ガチャポン（ガチャガチャ）になぞらえて**「隣人ガチャ」**という言葉も生まれたくらいです。

「わからない」から怖い

私はこの本で「こんなにヤバい人がいる！」と不安をあおりたいのではありません。

家と、その中で暮らす人の実体をたくさん見てきて思うのは、メディアで扱われる「ご近所トラブル」は必要以上に不安をあおる描き方をしているな、ということ。その多くは、当該住人の「ヤバい奇行」にばかり焦点を当てて、露悪的に演出しているような気がしています。うがった見方をすると「エンタメ」っぽく見えるときがあります。

人を遠ざけるような近寄りがたい家だと思ったら、実は相手が人付き合いが苦手なだけだったり、恥ずかしがり屋だった、ということもよくあります。

本当に大切なことは、「ヤバいとされる人」にも、そこに至るプロセスや物語があるはずで、それを「わかろうとすること」です。

不安は未知から生まれます。わかれば怖くなくなることもたくさんあります。

とはいえ、気になる家を片っ端から訪ねるわけにはいかないでしょうから、私がご訪問してきた記録をまとめたこの本を参考にしていただければと思います。

――分けるのではなく結びつける仕事

土地家屋調査士の仕事は、私のように小心者で人見知りをするタイプには明らかに向いていないと思います。

それでも、私はこの仕事が好きです。きっと、人が好きなのですよね。どんな仕事でもそうでしょうが、それまでの苦労がすべて報われる「やっていてよかった！」という瞬間があり、その瞬間を味わうために続けているのかなと思ったりします。

数年前、都内某所にある土地について仕事の依頼がありました。

依頼してくださったのは、中年の男性です。調査の対象となる隣地に住んでいる人は、所有者と賃貸借契約をしているだけで、実際の所有者の方は不動産登記簿（不動産の名義人の情報や面積などが記載された帳簿）によれば、どうやら広島県にお住まいのようです。

依頼者の男性に所有者の名前を伝え、聞き覚えがあるかどうか尋ねると、「おぉ、知ってる知ってる！　さっちゃん（仮名）だ！」とビックリしていました。何と、依頼者と隣地所有者の「さっちゃん」は幼なじみだというから驚きです。ずっと知らない人が隣に住んでいたので、まさか幼なじみが所有している土地だったとは夢にも思わなかったのでしょう。

登記記録の履歴を見ると、どうやら「さっちゃん」は数年前に亡くなったお母さまから土地を相続されたようでした。

さて、そうとなれば土地の所有者である「さっちゃん」に境界線を確認してもらわなければなりません。しかし、現在の連絡先まではわかりませんし、もちろん依頼人さんも知りません。

隣地の住人は親切な方で、「さっちゃん」との仲立ちをした不動産業者の連絡先を教えてくれました。そして、不動産業者も「境界確認のためならば」ということで、わざわざ「さっちゃん」に連絡していただき、同意を得たうえで「さっちゃん」の電話番号を教えてくれたのでした。

まるで運命に導かれるように、とんとん拍子に話が進みます。……これくらいで大げさでは？と思われるかもしれませんが、こんなに順調にいくことは、この仕事ではなかなかないのです。

さっそく教えてもらった番号に電話をかけたところ、すぐに「さっちゃん」とお話しすることができました。

「都内に△△さん（さっちゃんのお名前）が所有されている土地がありますよね。その土地と隣の○○さん（依頼者さんのお名前）の土地との境界を確認しに立ち会っていただきたいのですが、いらしていただくことは可能でしょうか」

広島からわざわざ、土地の境界を確認しに上京してくれるのだろうか？　そんな不安はすぐに解消されました。「さっちゃん」は立ち会うことをすぐに快諾してくれたのです。

そして立会いの当日――。

「さっちゃん、久しぶりだなあ～！」

「○○ちゃん、しばらく～」

依頼者さんと仲のよい幼なじみだった「さっちゃん」が40年ぶりに再会しました。

涙ながらに再会を喜ぶ2人を見ていたら、私も胸がいっぱいになりました。2人の涙に心を動かされたのもありますが、「この仕事をやっていてよかった」という深い感動を味わったのです。

境界立会いは、AとBという土地を、「境界線」で「隔てる」、「分ける」作業です。しかし、この日はその境界線のおかげで幼なじみ同士を再び「結びつける」という、ある意味真逆の役目を果たしたのだな、と思ったのです。

私の仕事と言えば、「土地の境界線」を関係者に現地で確認してもらい、了承されたら境界標を設置し、図面をお互いに交付する――。言ってしまえばそれだけの作業なのですが、**そこには人々の悲喜こもごもな感情、思惑、そして人生とも、切っても切れない関係があります。**

人の数だけドラマがあり、私もそのドラマを動かすお手伝いをしているのだと思うと、やはりやりがいがあります。

私がどんなに怖い思いをしてもこの仕事をやめられないのはこんな理由もあるのです。

見るべき土地と建物のポイント

土地は本来、まっさらなものです。そこに人間が建物を建てたり、庭をつくったりしていきます。

新築時の敷地には、モノも植栽もなく、文字通りまっさらなスペースだったはずです。そこに、住人が長年住むことによって、その住人の「色」に染まっていきます。

この「色」から住人の心のクセを丁寧に読み解いていくことで、「この家にはどんな人が住んでいるのか」がわかるようになります。

さらに建物は、土地以上に住人が暮らす上でもっとも接する「箱」になります。そこからはたくさん情報を読み取ることができます。

次の章からは、具体的に物件の「どこ」を見て、その家に住む人がどんな人物であると予想できるのかを、事例を交えて紹介していきます。

さらに、たくさんの住人の方たちの不満をお聞きしてきたことを踏まえ、物件選びやご近所付き合いで気をつけたい知識も厳選してお伝えしたいと思います。

具体的に見るべきポイントは、次のような部分です。

①表札
②窓、ベランダ
③庭
④塀
⑤駐車場
⑥マンションの場合は共用部分とゴミ置場

ポイントさえおさえておけば、パッと見て判断できるようになります。でも、あまりじっくり見ていると、こちらが不審人物として通報されてしまう恐れがありますのでご注意ください（笑）。

一戸建てのプロファイルポイント

マンションのプロファイルポイント

第2章

どんな人が住んでいるの?

プロファイリングポイントをチェック

表に窓がなく、表札もない家の人はコワい人だった

最近、表札のない家が増えているような気がしませんか。

宅配便や郵便物を受け取るときに不便ではないのかな？と思うのですが、今は宅配ボックスやコンビニ受け取りなどもありますし、物騒だから表札を付けないメリットのほうが大きいと考える人も多いのかもしれません。

表札を掲げない理由はそんなふうに「自分の身を守るため」がほとんどだと思いますが、反対に「住人自身にやましいことがある」ために表札を掲げない家もあるようです。

私が体験したのは後者だったので、**表札のない家は少し警戒**します。

都内某所にて、土地を売却するために測量の依頼を受けたときのことです。

測量をする現地に到着したら、作業をする前に必ず行うことがあります。

それは、依頼者の土地と隣接している住人や土地所有者さんへのご挨拶です。測量事務所ごとにやり方やルールは違うので、すべての測量屋さんがご挨拶を行っているわけではないかもしれません。

私が隣接する土地の所有者や住人の方に作業前に挨拶をする理由は2つあります。

1つは、後日、土地の境界立会いをお願いしたいという予告をするため。

もう1つは、「私、平田という作業着を身にまとった人間があなたの家の周りをウロウロしますよ」ということを伝えるためです。これを怠ると、最悪の場合、警察に通報されてしまうかもしれませんからね。

「あの三脚に固定された大きなカメラみたいなものをのぞき込んでいる人たちは何をしているのかな」

「何だか観察されているみたい」

「黄色いカメラの前を横切ったら撮影されちゃうんじゃないかな」

そんなふうに思われているのだろうなあ……という視線を感じがちなので、「怪しい者ではございません！」とご挨拶でしっかりアピールすることはお互いのために必要だと思うのです。

この日もいつものように隣地のお宅へご挨拶に伺いました。

このとき測量を依頼された土地は東側と南側が道路に面していて、北側と西側がそれぞれ別のお宅と接しています。そのため、この北と西、2軒のお宅との境界を確認する必要があったのです。

いつまで経ってもこの飛び込み営業ならぬ「飛び込み挨拶」には一向に慣れません。

まずは北側のA土地のお宅へ。緊張を和らげるためにも、ざっとプロファイリングを行います。

庭、ベランダ、表札……どれをとっても気になる点はないので、普通のお宅と判断しました。

気持ちを落ち着けてインターフォンを押すと、初老の男性が出てきました。私のお伝えしたいこともしっかりと聞いてくださって、ご理解をいただけました。

怖い人ではなかったこと、そしてプロファイリングに狂いはなかったことに胸をなでおろします。

1軒目のA土地のお隣さんがよい方だったためか、足取りも軽く西側のB土地へ向かいます。

しかし、B土地で目にした家は、ちょっと異様な雰囲気を醸し出していました。まず、建物正面の壁に窓がありません。建築当初から窓がないのか、窓はあったけれど何らかの理由で塞いでしまったのかはわかりません。

何となく「薄気味悪さ」を感じてしまいました。窓があれば、そこから多少なりとも生活感を垣間見られるのですが、それができないのでより一層不気味な印象を受けました。

こういう直感はだいたい当たります。しかし、まだ決めつけるには早いと、次のプロファイリングポイントを確認します。

表札

なんと、表札がありません。

前もって土地の登記簿でそこの所有者の情報を入手しているので、表札の氏名と登記簿の名前を照らし合わせる必要があるのですが、表札がないのですから確認のしようがありません。

この場合はご挨拶とともに、お名前の確認もしなければならないのです。

覚悟を決めてインターフォンに手を伸ばし、押してみます。チャイムの音が響きますが、誰も出てきません。

仕方がないので「境界立会いのお願い」という挨拶状に「当事務所にご連絡をお願いします」と記載してポストに投函してから、その日は測量作業だけを行いました。

それから待てど暮らせど、B土地の住人からの連絡は一向にありません。

仕方なく、先にA土地の所有者と境界立会いを行いました。A土地との境界は何事もなく終了しました。

そのとき、思い切って気になっていたB土地の所有者について尋ねてみることにしました。

「実はB土地も境界確認が必要なんですが、家主の方が留守で、全然連絡がつかず困っているんです。何かご存じですか？」

A土地の所有者である男性は、顔を曇らせて声を低くして言いました。

「あぁ、あまり関わらないほうがいいよ。あの人『これ者』らしいから」

それは、いわゆる反社会勢力を示唆する言葉でした。

やはり予感は正しかったのです。冷や汗が止まりませんでした。

しかし、ここで引き下がるわけにはいきません。相手が誰であろうと、境界を確認してもらうまで粘り強く連絡をしていかなければなりません。

この日もB土地のお宅のインターフォンを押してみたものの、やはり誰も出てきてはくれません。窓がないので、留守なのか居留守なのかもわかりません。

また前回同様に挨拶状を投函し、足早にその場を去りました。

A土地の境界立会いの日から2週間が経ちました。そろそろ、B土地に様子を見に行ってみようかと思っていたところ、事務所に1通の封書が届きました。

それは、Ｂ土地の所有者の代理人を名乗る弁護士からの手紙でした。

手紙の内容は、「Ｂ土地所有者の代理として、当職が現地にて境界立会いをします」という内容でした。

「助かった……！」

いろいろな意味でそう思いました。

さっそく、手紙をくれた弁護士に連絡します。

約束をした日に弁護士は立ち会ってくれて、Ｂ土地との境界線に異議を申し立てられることもなく、あっさりと確認が終わりました。大きな山場を１つ越えた私は安堵感と達成感に包まれました。

そこで気が緩んでしまったのか、私はつい余計なことを立会いの弁護士に尋ねてしまったのです。

「ここの所有者はどんな方なのですか？　何度ご挨拶に伺っても留守だったのですが、お忙しいお仕事をされている方なのでしょうか？」

弁護士は間髪も入れず、ぴしゃりと言いました。

「そのような質問にはお答えしかねます」

「そ、そうですよね……。すみません……」

依頼人の個人情報を言えないのは当然のことです。しかしながら、「やはり、ただ者ではないのでは……」という確信が深まったような気がしました。

——家に隠れたがる心理

表札には、「自分をどう見られたいか」が表れているように思います。もちろん、表札に無頓着な人もいるかもしれません。**しかし、掲げられている表札の文字や大きさ、材質などからは、「優しい人だと思われたい」「強く見られたい」「知的に見られたい」といった無意識の心理の表れが感じられます。**

では、**表札のない家**はどうでしょうか。

言うまでもなく、何らかの理由で自分の存在を世に知られたくない、自分の存在を隠したいという心理が働いているような気がします。

風水的にも表札のない家は「人が住んでいない家」を意味するそうです（『李家幽竹マンガ風水やっていいことダメなこと』李家幽竹著　飛鳥新社）。

最近ではローマ字表記のみの表札もよく見かけます。**防犯上の理由でどうしても名前を入れたくない場合は、イニシャルだけでもいいから掲げてはいかがでしょうか。**

Ｂ土地の家にお住まいの方とは残念ながら接触できませんでした。そのため「答え合わせ」はできなかったのですが、ご近所の方の推測どおり、すねに傷を持つ人だったのなら、世間から身を隠したいという心理を持っていたのかもしれませんね。

ただし、**表札のない家に住んでいる人が、必ずしも人に言えないことをしている人というわけではありません。**

他人と接することに強く不安を感じてしまうがゆえに、外部との接点である表札や窓をあらかじめ失くしている、というケースも考えられます。

家は住人にとって安らぎのスペースです。特に対人不安の強い人にとって、他人と顔を合わせる心配なく、唯一心身を解放できる場所のはずです。

私もコミュニケーションが苦手なところがあるので、よくわかります。だから、電話やインターフォンのように、家の中にいるのに強制的に外と関わらされるツールはストレスだと思います。

表札を出していなければ、知り合いか、明確に用事がある人でなければ尋ねてこないだろうという消極的な対処なのかもしれません。

また、**対人不安の強い方、内向的な方は、周囲の方々と調子よく合わせることが苦手な反面、自分の気持ちに正直に行動しようとするこだわりを持っていることが多いものです。**

だから、表札を取り払うことによる不便さや、訪ねてくる人を困らせないようにすることよりも、自分の快適さを優先するのかもしれません。

― 窓は住民の心とリンクする

窓からも、その家に住む人の情報を多く知ることができます。窓から垣間見られる家の内部だけではなく、窓辺に置いてある物やカーテンの色や柄、ガラスの汚れ具合などからもわかることは多いもの。女性の一人暮らしの家では、防犯のため明るい色のカーテンをかけないほうがよいと言われるのもそのためです。

B土地の建物のように、窓がないことも、表札がないことと同じ心理が働いていると考えられます。

窓は家と外をつなぐ場所です。

室内に新鮮な空気や、日光を取り入れる役目を果たす、住民の心身の健康に大きな影響を及ぼす要素でもあります。通常なら、1日に数回、カーテンも窓も開放して新鮮な空気や日光を取り入れたり、室内にこもった空気を外に出したりするはずです。

しかし、そもそも**大きな家具などで窓をふさいでしまったり、昼間でも、窓どころか、雨戸やシャッターを閉め切ったままの家を見かけることもありますよね。そういう家はやはり、人目につきたくない、外部と関わりたくないという、住んでいる人の閉鎖的な心を表しているように思います。**

よく、週刊誌にスキャンダルを撮られた有名人などの家ではぶ厚いカーテンを閉め切っていたりしますよね。中の様子を撮られたり見られたりしたくないのもあるでしょうが、「これ以上関わらないで欲しい」という拒絶の心の表れでもあるでしょう。

窓はまさに、住人の「心の窓」ともリンクしていると言えます。

大きすぎる表札の人は自分を大きく見せたい人だった

前項では表札がないお家の話をしましたが、今回は逆に表札の主張が強すぎる家の人のお話です。

依頼を受け、埼玉県の某所を訪れた私は、依頼者の家に隣接している1軒のお宅にやってきました。

隣のお宅は、敷地も家も近隣よりも大きい立派なお宅です。この地域に古くからお住まいで、みんなから一目置かれている人がお住まいなのかな、などと考えつつプロファイリングをスタート。

さっそく大きな表札が目に飛び込んできてびっくりしました。通常の表札の3倍はあるでしょうか。そこにお隣さんのお名前と思しきものがフルネームでどん！と彫られています。

依頼者に、お隣さんがどのような方なのかを尋ねてみると、やはり地元の名士で、町内会長を何期も歴任されている方だそう。「なるほど、道理で」と思いました。

インターフォンを鳴らしてしばらくすると、お隣さんが現れました。

「こんにちは。測量の件でお伺いいたしました平田と申します」

「はじめまして。私、こういう者です」

お隣さんは威厳ある壮年の男性で、私の名刺を受け取りながら、ご自身も名刺を差し出してくださいました。

名刺を見て、またも少し面食らいました。一般の方で名刺を出してくださる方は珍しいのもありますが、何よりお名前の文字の大きさに目が釘付けになりました。

初対面のお隣さんは、厳しそうではあるけれど、丁寧な方という印象でした。自己主張の強い表札のことが頭をよぎりましたが、深く考えないようにしました。

しかし、後日お隣さんとお会いしたとき、当初、表札の大きさについて抱いた違和感は現実だったと思い知ることになったのです。

その日は依頼者さんも交えて、お隣さんと境界立会いを行いました。

「依頼者さんとお隣さんのお宅の境界線は、既存の境界標（境界を示す目印となる杭や鋲《びょう》、プレートのこと）がある、このブロック塀の中心となります」

私がおふたりに調査結果を率直に伝えると、「違うだろ！」とお隣さんの怒号が飛びました。突然のことに、ポカンとする私と依頼者さん。

「この塀は俺の物なんだよ。それが境界になるものか！」

境界標の例

丁寧に、できるだけ整然とお伝えしたのですが、お隣さんは「納得できん！」と言って、家に入ってしまいました。

取り残された私と依頼者さんは顔を見合わせるしかありません。

やはり、一筋縄ではいかなかったか……と、あの巨大な表札を見つめて思いました。

——再度立ち会うことに

後日、お隣さんから「再度、現地で境界を確認したい」との連絡がありました。私としては、願ったりかなったりです。

しかし、お隣さんに一体どのような心境の変化があったのでしょうか。

実はお隣さんは、なんと別の土地家屋調査士、つまり私の同業者にご自身で依頼されていたのです。

裁判沙汰の事件でもないのに、私とその同業者を現地で対峙《たいじ》させるつもりなのか？と思いましたが、仕方ありません。お隣さんはきっと私の調査結果に納得がいかなかったのでしょう。

そして、再びやってきた境界立会いの当日。

現地に依頼者さん、私、そしてお隣さん側の土地家屋調査士が集結しました。お隣さんの姿はそこにありません。

私の考えは前回と変わりませんから、同じ説明をもう一度するだけです。お隣さんが依頼した土地家屋調査士も「やはりそうですよね」と頷いてくれました。どうやら、この土地家屋調査士は前もってお隣さんの土地を測量しておいたようです。

その結果は、やはり私と一致していました。当然のことですが、依頼者であるお隣さんの主張にかかわらず、しっかりお仕事をされています。

さらに、お隣さん側の土地家屋調査士は、お隣さんから言付《ことづ》かったメッセージを私たちに伝えてくれました。

「前回は失礼な態度をとってしまい申し訳なかったです」とのこと。

それを聞いて私は、お隣さん、根っからの悪い方ではなかったんだなと思いました。

ご自身の主張の方が間違っていたことも本当はわかっていた、でも、引くに引けないし、面と向かって謝ることもできなかったのでしょう。

自己主張が強い人の特徴

表札は、その人がほかの人から見られたい姿を象徴しているとお伝えしました。お隣さんの**大きな表札は、まさに「ご自身を大きく見せたい」という欲求を象徴していたように**思います。

大きさもさることながら、**フルネームで表札を掲げている方は、そのままご本人も自己主張の強い方が多い傾向があります。**

「自己主張」とは、自分の意見や考え方、欲求などを、他人に対して伝えること。自信があり、負けず嫌いだったり、目立ちたがりだったり、自分の存在をみんなに知らしめたいという欲求を持っていたりするようです。

自己主張の強い方は自分の意見をしっかり主張するので、リーダー気質があり、頼りがいのある性格とも言えます。その反面、意見が通らないとムキになり、怒ってしまうこともしばしばありそうです。

日本人は引っ込み思案で、周りの空気に流されてしまう人が多いので、自分の意見をしっかり伝えることのできる人は貴重です。

でも、度が過ぎると、ただの協調性がない頑固者になってしまうことも。自分の正しさを主張するあまり、人を傷つけることをいとわないようになってしまうと、周りは委縮してしまい、人は離れていくでしょう。

――「自己主張が強い人」と、どう接したらよいのか？

ご近所だけではなく上司や先輩などに、このお隣さんのような人が「いる」と思う方もいるかもしれません。

こういう人と接するときに有効なコミュニケーションは、**一度受け入れる**ということです。

『ズルい言い換え事典』（齊藤勇監修　日本文芸社）という本に、自己主張が強い人とコミュニケーションをとるときは「ひたすら同調するとよい」と書いてあります。「そうだね」とか「わかる！」というような、意見でもなく反論でもないような相づちが有効なようなのです。

私が最初に境界立会いをしたときのことを振り返ってみましょう。

お隣さんの主張をすべて鵜呑《うの》みにすることはできませんが、もう少しお隣さんの主張に対して肯定的に耳を傾けたらよかったのかもしれません。

例えば、**「イエス・バット法」**という話法がこの場合は有効です。これは、お隣さんの主張をいったん肯定した後に反対意見を添える話法です。

相手と信頼関係を築きつつ、こちらの意見を伝える際に、この話法は効果的です。

お隣さんが「ブロック塀は自分の物なので、境界にはなりえない」という意見を言ったときに、「そうなんですね。私もこのブロック塀は確かにあなた様の所有物だと思います」とまず伝えます。

続けて、「ところがブロック塀の中心線を示す境界標がここから出てきたのですよね」とお伝えすれば、お隣さんが境界立会いの途中で家に入ってしまうようなことにはならなかったかもしれません。

私自身の反省を込めてこのエピソードをご紹介したので、「このお隣さんのような人、いるいる」と思った方の参考になれば幸いです。

手作り表札の家に住む人はホスピタリティの塊だった

これまで、特にいい意味で印象的だったのは、木でできた手作りの表札を掲げたお宅でした。

測量の前にご挨拶に伺うと、可憐なお花で埋め尽くされたきれいなお庭の景色が目に飛び込んできました。後からもお話ししますが、**庭の状態は住民の心をよく表す**ので、とても参考になるのです。

この時点ですでにいい予感がしていましたが、掲げられた表札を見て、さらにほっこりとしました。見るからにハンドメイドの、木製のこぢんまりとした表札がそこにはありました。

インターフォンを押そうとしたとき、スコップを手に庭でかがんでいる小柄な人影が目に入りました。

「すみません。今日からお隣の土地を測量させていただくことになりまして、ご挨拶に伺いました」

顔を上げたのは初老のご婦人です。スコップをそっと置き、立ち上がって軽く会釈をすると、こちらに寄ってきてくださいました。その顔には柔和な笑みが浮かんでいます。

その上品な所作に私も思わず心が和み、ことさら丁寧に作業内容を説明しました。

ご婦人は快く了承してくださったので、私も気分よく隣の依頼人さんの土地の測量作業をスタートしました。

測量を仕事にしているくらいですから、屋外での作業に慣れてはいるのですが、その日は非常に暑く、私も一緒に作業をしていた者も時折にじむ汗をタオルでぬぐっていました。

作業開始から1時間ほど経った頃でしょうか。

「ちょっとこちらで休憩しませんか？」と、お隣の庭からあのご婦人が声をかけてくれました。

依頼者さんにお茶を用意していただくことはありますが、一方的にお騒がせしてご迷惑をおかけしているお隣さんからこういった気づかいをいただくことは滅多にありません。

恐縮しながらも、作業の担当者と一緒にお邪魔することにしました。

「こちらにどうぞ」とお庭のテーブルセットにいざなわれ、きれいなお庭で花々に囲まれてのティータイムです。冷たいハーブティがのどを潤してくれて、なんだか別世界にいるような心地です。

ご婦人は近くに腰かけて、私たちを優しく見守ってくれました。

私はもてなしのお礼を述べつつ、ずっと気になっていたことをお尋ねしました。

「あの表札、とても素敵ですね。もしかして、手作りですか？」

ご婦人はうなずくと、「ちょっとした小物を作るのが好きなんですよ」と嬉しそうなご様子でした。

それから、数年前にご主人に先立たれたこと、独りで暮らしているけれど、近くにお子さんご夫婦が住んでいるので寂しくはないこと、今は孫と遊んでいるときと、ガーデニングをやっているときがすごく楽しいということなどをお話ししてくれました。

私たちの仕事の話も興味を持って聴いてくださり、「大変なお仕事なんですね」とねぎらいの言葉までかけてもらいました。

私たちの仕事はなくてはならないけれど、知っている方は多くありません。怒鳴られたり、嫌がられたりしこそすれ、こんなふうに優しい言葉をかけていただくことなどまずありません。

言葉が胸に染み入り、目の前のご婦人に対して感謝の気持ちが湧きあがりました。

―― ハロー効果がもたらすもの

「ハロー効果」とは、**ある対象を評価するとき、その一部の特徴的な印象に引きずられて、全体の評価をしてしまう効果のこと**を言います。

ハローとは、挨拶のhelloではなく、神様や仏様の頭部に描かれる後光（halo）に由来しています。

今回のお家はきれいなお庭、そして手作りの表札の効果も相まって、見る者に「ここは素敵な家」、ひいては「住んでいる人も素敵な人に違いない」という感情を一瞬で抱かせる効果がありました。

実際に住んでいる人も、エピソードの通りとてもよい方だったのですが、ハロー効果によって、初対面の私の言動も柔和になっていたから、ご婦人も警戒を解いて優しくしてくださったのかもしれません。

逆に**「ネガティブ」なハロー効果も存在します。**

例えば、会社役員が新聞沙汰になるくらいの不祥事を起こしてしまった場合、その人が勤める会社にまで悪い印象を持ってしまうことなどがあげられます。

良くも悪くも、見た目のちょっとしたことで、人は全体的に評価を下すのです。

表札は「こう見られたい」という家主の方の姿を現します。その理論にのっとれば、あのご婦人は無意識にでも「私は優しいです」というハロー効果を狙って表札を作ったり、庭の手入れをしたりしていたのでしょうか。

正直、私はそこまでの打算があったとは思えません。というか、打算があったとは思いたくありません。

ご婦人は伴侶を失い、独りで暮らしていますが、寂しい独居老人という印象はまるでありませんでした。実際、近くに住んでいるお孫さんやお子さんご夫婦が頻繁に訪ねて来ていることもお聞きしています。

さらに、私たちのような見ず知らずの人間をご自身の土地に招き入れ、丁寧にもてなしてくれもしました。

一人暮らしのご高齢の方の中には、話し相手が欲しいためにおしゃべりが止まらなくなってしまう方もいますが、今回のご婦人はしっかり私たちの話に耳を傾けてくれていました。

これらのことから考えると、ご婦人が表札やお庭に込めたメッセージは「私は楽しく暮らしています」ということ、そして、この家を訪れる人にも同じように楽しい気持ちで過ごしてほしい、というおもてなしの気持ちではないでしょうか。

物件を探しているとき、もしこんなお家が近所にあったら、近くに住んでみたいなと思うでしょうし、もっと言えば「こんな素敵なお家があるなんて、いい町なんだろうな」というハロー効果まで生まれそうです。

そこで暮らしている住人の優しい感情や楽しい感情は、不動産全体の雰囲気にも影響を与えるのだと思った素敵な表札の家のご婦人とのエピソードでした。

洗濯物が干しっぱなしの家の人は勤勉家だった

家庭内で悲惨な事件があったとき、ニュース映像に現場となった家のベランダや玄関周りが映し出されることがあります。そういう家のベランダは、大抵、廃品だらけで荒廃しているところが共通していると思いませんか。

ベランダが荒れている家庭は問題を抱えがちなのか、住人の心がすさんでいる家庭はベランダを粗雑に扱うのか？　いずれにせよ、**ベランダが荒れているご家庭は要注意**だと私は思っています。

特にマンションの場合、ベランダが共用部分としての避難通路となっている場合がほとんどです。ここをふさいでしまうと、住人たちの安全にもかかわるので、整頓しておくのは必須です。**共同生活でベランダをふさいでいるのは、かなり自分勝手で危機管理意識が薄い人**ということになってしまいます。

ベランダといえば、洗濯物や布団を干しているご家庭が多いので、否が応でも住人の情報がわかります。だいたいの男女の割合、年齢層、人数など……。下手をすれば、子どもの制服や体操服から、学校名までわかってしまいます。

ベランダに洗濯物を干さないお宅もありますが、もし干してあれば、それば絶好のプロファイリングポイントとなるのです。

さて、ここでご紹介するエピソードは、洗濯物がいつ見ても干しっぱなしの家です。そんな家を見たら、どんな人が住んでいると思いますか？　おそらく、「だらしない」とか「面倒くさがり」など、多くの方がそんなマイナスのイメージを持つのではないでしょうか。

ところが、私がお会いしたその住人は、そんなイメージとは真逆の人でした。

少し話が逸《そ》れますが、最近は空き家が本当に多いですよね。訪問先が空き家では、何度お呼びしても出てこなくて困ってしまいます。見かねた近隣の方が、「高齢者施設に入居しているみたいですよ」と教えてくださったりします。高齢化、過疎化など、色々な言葉が頭に浮かびます。

空き家か、はたまた留守かを見分ける一番手っ取り早い方法がベランダの洗濯物です。まじまじと見ていたら通報されそうですから、さっと見て現在も住民がいる家なのかをチェックします。転勤や多拠点で暮らす人などもいるので、人が住んでいるけれど長期不在という場合もありますが、その場合も洗濯物の様子から判断できることもあります。

しかし、洗濯物が干してあるのに、いつ行っても留守のお家がありました。干してある物から、おそらく男性と女性が1人ずつこの家に暮らしているようでした。

依頼者さんの話によればお隣さんは2年前に引っ越してきたそうですが、どんな方たちなのか、なぜいつもお留守なのかお聞きしても、「滅多にお見かけしないからわからない」とのこと。

隣近所の関係が希薄になったとはいえ、2年経ってもどんな方たちなのかわからないとは、まさしく近くて遠い隣人です。

家は新しく、おそらく引っ越しされたときに新築したのだと見受けました。

一般的な勤め人同士のご夫婦なら、週末にはどちらかが在宅していることが多いはず。でも、土日に訪問しても不在で、そんな日でも洗濯物が干してあるのです。

いよいよもって、「この家にはどんな人が住んでいるんだ?」と疑惑が膨らみます。この洗濯物は何なのだろう? もしかしたら何かのサインだったりして。女性が防犯のために男性の洗濯物をわざと干すように、男女の洗濯物を干してあえて伝えたいことがあるとしたら何だろう?

訪問したことを伝える手紙を投函しつつ、実は家主は居留守を使っていて、今、この瞬間も窓から見ていたりして……などと考えては背筋が寒くなりました。

手紙を投函した数日後、すべての謎があっさりと解けました。

あの洗濯物の家の方から電話で連絡があったのです。電話から聞こえる声は、若そうな男性の声でした。

「インターフォンの画像履歴を見たら、何度もいらっしゃっていたのですね。申し訳ございません」

どうやら、ヤバい人でも怖い人でもないとわかり、ホッと一安心です。日程のご相談をし、後日境界の立会いをお願いすることになりました。

その家の家主は、やはり若いご夫婦でした。あらためて、何度も足を運ばせて申し訳なかったと謝罪していただき、こちらが恐縮してしまうほどでした。

礼儀正しく、誠実そうな方たちでしたが、どこか疲れた様子。ご夫婦の様子を見て、いつも不在な理由がなんとなくわかりました。

「お仕事、お忙しいのですね」

「そうなんです。共働きで、2人とも朝から晩まで激務の会社に勤めているもので」

お休みも不定期で、土日のどちらも休めないことがしばしばあるとのこと。平日の帰宅時刻も遅いので、ベランダに干した洗濯物をとり込むのは必然的に夜になってしまうのだそうです。事情がわかれば、拍子抜けするほど普通でした。

しかし、洗濯物が遅くまで出しっ放しというのはどうなのだろうと思います。**暗く**

なっても洗濯物を干したままにしていては、留守にしていることが丸わかりで物騒ですし、突然の雨で洗濯したことが台無しになるかもしれません。

おそらく、このご夫婦はそういうのも折りこみ済みで、あえて毎日洗濯物を干していたのかなと思うのです。

多忙すぎる日々に無理やりにでも人の営みを組み込むことで、生活のリズムを忘れないようにしたかった、とか……。

さらに、お隣の人ですら、引っ越してきて2年目の自分たち夫婦のことをほとんど知らないという事態を気にしていたのかもしれません。洗濯物を見れば住民の情報がわかるので、こういう人が住んでいるということをご近所にわざと見せて、安心してもらおうとしたのでしょうか。

いずれも想像ですが、このしっかりした真面目な人たちが、なんの考えもなく洗濯物を出しっ放しにしているとは考えづらかったのです。

「お体だけはくれぐれもご自愛ください」

私は心からの言葉を伝え、勤勉なご夫婦のお宅を後にしました。

畑が近くにある物件は人間関係が荒れている!?

たくさんのお宅をお訪ねしていると、意外なものが近隣トラブルの発端になっていることを知る機会が多くあります。**トラブルの火種になるものがあると、住む人が替わってもまたトラブルが起こりやすいので、事前に確認しておきたいものです。**

例えば、畑です。畑は、ベランダのある物と切っても切れないトラブルを引き起こします。

埼玉県某所で畑の境界線の確認を依頼されたことがあります。測量の対象が家ではないケースです。

畑などの更地の測量作業は、建物などの工作物がない分、測量機器の移動回数が少なくてすむため、比較的楽な仕事です。今回もスムーズに進むと思っていたのですが、意外にもそうではありませんでした。

畑と境界線が接している1軒のお宅がありました。

いつものようにお隣さんにご挨拶をしようとしたところ、依頼者さんも同行すると言ってくれました。見ず知らずの私だけで突然訪問するより、お隣さんが見知っている依頼者さんと一緒の方がきっと話がスムーズに進むはずなので、ありがたく同行してもらいました。

ところが、予想外のことが起きました。

お隣さんは顔をしかめて「境界の立会いなど協力したくない」とつれないお返事。

私は、依頼者さんの手前もあり、「そうですか」と引き下がるわけにいかないので、「ご協力いただけない理由をお伺いできますか？」と、丁寧にお尋ねしました。

「お宅の畑が迷惑なんですよ！」

長年のうっぷんが溜まっていたのでしょうか。お隣さんは怒りを爆発させ、堰《せき》を切ったように話し出しました。

「風が強い日は畑から土埃《つちぼこり》が舞うから、洗濯物も車も汚れてしまって、もうずっと迷惑しているんです」

畑と接している家だと、洗濯物もまともに干せないのかと驚きました。

「それはそれは……。これまで大変ご迷惑をおかけいたしました」と、神妙な面持ちで頭を下げる依頼者さん。

「このたび、この畑をつぶして賃貸マンションを建てることになったんです。そのためにこちらの平田さんに測量を依頼しました。ですから、これからは土埃でご迷惑をかけることはないと思います」

それを聞いたお隣さんは、安心したようでした。おかげで、その後の測量や境界立会いにもご協力いただけました。

それから1年と数か月ほど経過し、依頼者さんが建築したマンションが完成しました。マンションの登記もご依頼いただいたので、再び依頼者さんのもとへ訪れます。

現地に着くと、あのお隣さんにばったりとお会いしました。

「お久しぶりです。一昨年、〇〇さんの土地の境界立会いでお世話になった平田です。その後、いかがですか？　畑がなくなって土埃が舞わなくなったので、快適になったのではないですか？」

「全然ですよ！」

畑がなくなってさぞ喜んでいると思いきや、お隣さんは不満顔を隠そうとしません。

「あんな大きな建物が建ってしまったから今度は日当たりが悪くなって、洗濯物が乾きにくくなったんです。おまけに今までは畑だったから静かだったのに、これからあのマンションにいろんな人が入居してきて騒々しくなると思うと……。これなら畑のほうがまだマシでしたよ！」

隣が畑なら、遮るものがなく、洗濯物を干すにはベストの環境だと思いきや、土埃が舞って洗濯物が汚れることもあります。そして、畑でなく空き地となった場所は、いつ、どんな建物が建つのかわかりません。

畑や空き地の近隣に住むということは、そういう不満や不安な要素もあるのだなということに気づいた、畑のお隣さんのエピソードでした。

庭の「ここ」を見れば住民の心がわかる

兵庫県芦屋市にある、「六麓荘町《ろくろくそうちょう》」という超高級住宅街をご存じでしょうか。

東洋一の別荘地を作ろうという理念のもと、地域独自の建築協定により街づくりが行われている場所です。素晴らしく美しい町並みをひと目見ようと、外国から訪れる人も多いほどです。

六麓荘町の建築協定は厳格で、住宅は戸建てのみ、マンションなどの集合住宅や商業施設はありません。電線も埋められているので電柱もありません。

この町に家を建てるすべての人にこの建築協定が適用されるのですが、ひときわ目をひくのが「1区画が400平方メートル以上の敷地であること」です。

都心部なら400平方メートルあれば、家が4棟建ちそうですね。

さらに、40％または30％の緑地率が義務付けられており、緑地面積10平方メートルにつき高木１本かつ中木２本を植栽すること、という注釈もあります。要するに、緑のある庭を必ず３割から４割設けなければいけないのです。

そのため、六麓荘町にある住宅は、どこもゆとりある敷地に、かなり広いお庭があるのです。日本一とも言える高級住宅地で、住環境における「庭」の存在を大切にしているということは、私にとってもよい学びになりました。

私は常々、「庭は住民の心の余裕を映し出す」と考えています。「広い庭のある家に住む人は心に余裕がある」とも。

そんなふうに言ったら、「そりゃそうでしょう。広い家を持っているお金持ちなら、心に余裕だってあるはずだ」と思うかもしれません。でも、私は物理的に広い庭のことを言っているわけではないのです。

ここでいう庭の広さは、どちらかと言えば空きスペース、つまり「余白」のこと。

どれだけ広い庭があっても、ジャングルになっていたり、使っていない物をてんこ盛りにしていたりする家の方は、心に余裕があるとは言えません。

たとえ1坪のお庭でも、すっきりしていて余白があれば、その家の主は心にゆとり

があると言えるのです。

曹洞宗の住職であり庭園デザイナーでもある枡野俊明さんは、庭について次のように書いています（『心に美しい庭をつくりなさい。』講談社）。

「庭づくりで最も注力するところは、石組みや植栽、水や白砂ではなく（もちろんありったけの力を注ぎますが）、なにもない空間、つまり『余白』ですね。なぜ余白が大事なのか？　かたちあるものをもってしてもあらわしきれない、表現できない世界がそこに広がっているからです。」

庭づくりの専門家が、「余白」にもっとも力を注ぎこむことが面白いなぁと思いました。

余白とは、何もない部分、つまり「間」です。

会話でも「間」というものは大事ですよね。

映画や漫才などでも、「間」があることによって、視聴する側もストーリーの真意をいろいろと探りながら考える余地ができます。間があるから自分も物語に参加でき、感動も大きくなるのです。

「間」は人の心に残り、感情に訴えます。ずっとおしゃべりを続けている人の「間」のない会話には聴き手の入り込む余地がなく、心に残りません。

「間」がないのは、まさに「間抜け」ということになるのでしょう。

日本の住宅には、昔から「床の間」がありました。今は床の間があるお宅は少なく、あってもつぶして収納スペースにしていたりするかもしれません。

しかし、昔から私たちは家においても「間」を重視していたのだと思います。

あなたは家や庭に、意識して「間」をつくっていますか？

庭をすっきりと整備した家の住人は好感度の高い人だった

その土地はT字路の突きあたりに面した場所にありました。T字路の突きあたりに面した土地は、風水では邪気が溜まるなどの理由から避けるべきと言われているそうです。

私が見たところ、その土地には邪気などまるで感じられず、それどころかひと目見て「ああ、いい家だな」と直感しました。霊感のたぐいがあるわけではありませんが、物件に対する直感だけは間違うことはないと自分でも思っています。

念のためプロファイリングを行います。やはり直感通り、すべてのチェックポイントにGOODマークを付けたくなるくらい完璧です。

何より素晴らしかったのが「庭」でした。

手作りの表札の家（48ページ）のようにお花でいっぱいなお庭ではないのですが、物がないもののすっきりと整備されています。最低限のグリーンに、芝生は短く整えられていて、玄関までのアプローチには真っ白な飛び石が配置されていて、どこを見てもすがすがしい気分になります。

禅寺の石庭を思わせるような趣で、まさしく**「余白」が美しいお庭**だったのです。

そのお宅には穏やかで上品な60代くらいのご夫婦がお住まいでした。

おふたりそろってにこやかに、私の話にきちんと耳を傾けてくださるところに、まず好感を抱きます。話を聴いているときの様子から、ご夫婦の仲のよさが伝わってきたので、また好感度がアップ。何より初対面の私のことを尊重してくださっていることがわかる様子に、ご夫婦に対する好感度はさらに上がっていったのでした。

――住人と不動産は相思相愛の関係になれる

私は、不動産と住人には心が通じ合うことがあると考えています。**住人が住まいを大切にすると、住まいからも住人を幸せにするための目に見えないフィードバックが**

あると思うのです。それは、住民の心身の健康だったり、家族の仲のよさだったり、あるいは金銭的な豊かさだったりと、様々です。

それは風水のことかと言われると、少し違うような気がします。ここで紹介した家はT字路にあり、風水的にはよくない立地のはず。

でも、家や土地を大切にしていれば、風水的に要注意な場所でも浄化されるのかもしれません。

住人は元気で活気に満ち、不動産はさらにきれいになり、相互によい影響を与え合う。まさに相思相愛の関係が生まれるのです。

庭をきれいにするのは自分のためだけではない

たとえ自分の敷地にある庭であっても、「他の人から見える庭は、自分だけのものではない」と私は思います。

六麓荘町のような街並みを見ていると、庭とは「町の重要な景観のひとつ」であり、「町の顔」のような面があるということです。

心理学の用語に**「初頭効果」**というものがあります。**最初に与えられた情報が後の情報に影響を及ぼす現象のこと**を言います。

例えば、次のAとB、それぞれのグループの言葉をぱっと見て、どちらが好意的に感じられるでしょうか？

A　明るい　かわいい　素直　ずるい　短気　暗い
B　暗い　短気　ずるい　素直　かわいい　明るい

なんとなくAのほうが**好意的**に感じられませんでしたか？

よく見ればわかるのですが、AとBは全く同じ言葉が並んでいます。ただ**順番を並べ替えただけ。**

初頭効果の影響で、Aはポジティブな言葉が、Bはネガティブな言葉が先にあります。逆にいうと、まったく同じ言葉を並べているのに、Aのほうが全体的に好意的な印象を受けてしまうのです。Bの印象はネガティブで否定的な印象を与えてしまうことも理解できます。

最初の言葉が全体のイメージに直結している――、つまり第一印象が他者に与える影響がいかに大きいかが、伝わったでしょうか。

私も、家のプロファイリングを行う前に、家のぱっと見の雰囲気からたくさんのことを感じ取ります。「ああ、いい感じだな」と思う家というのはあります。

その**いい雰囲気を演出するのが、家を見て最初に目に入ることの多い庭**ではないでしょうか。その町を訪れて最初に目に入った誰かのお庭が素敵だと、その町全体がよい街だと思えるのです。

例えば、クリニックの口コミを見ていると、ドクターの腕や診療に関するものだけでなく、受付に関する口コミも多いのがわかります。受付はそのクリニックで最初に訪れる場所。ドクターや看護師に落ち度がなくても、受付の対応が悪いとクリニック全体の評価はマイナスになりがちです。

きれいなお庭は、その家、そしてその町の受付の役割を果たすのかもしれません。

どんなに乱雑な庭でも、自分さえ困らなければよいという考え方は、町の景観なんてどうでもよいというふうにもとれます。つまり、自分勝手な考え方の持ち主です。反対にお庭をきれいに整える人は、無意識的にも町全体に貢献していると言えます。

最近は各自治体が移住者を増やそうと様々な政策を講じたり、プロモーションを行ったりしています。町の価値を上げる人は大切にされるべき住人です。

庭のプロファイリング　Episode2

ジャングルみたいな家に住む人は不健康で暗～い人だった

すっきりした「余白」を設けてある庭とは真逆に、余白が一切ない庭を持つ家もあります。

その家は、東京郊外にありました。

初めて訪問したとき、私は入り口のところで早くも足が動かなくなりました。55坪の敷地に、建物をぐるりと取り囲む木から無造作に伸びた枝葉が、敷地内に四方八方びっしりとはびこっています。庭は背の高い雑草が伸び放題。鬱蒼《うっそう》としたジャングルのようなお庭でした。

プロファイルするまでもなく、ひと目見て嫌な感じしかしません。とにかく薄気味悪くてたまりませんでした。

この家が、依頼者さんの家でした。ためらいながらインターフォンを押すと、しばらくして、奥からぬっと依頼者さんが現れました。

顔色が悪く、不摂生、不健康を絵に描いたような60代の男性。これほどこの家にふさわしい住人はいないかもしれません。

お話によると、定年後にこの物件を購入して独りで暮らしているそうです。

ここに引っ越してきてから体調を崩し、サラリーマン時代から患っていた鬱《うつ》の症状も悪化してしまった、と無表情にぽつりぽつりと話してくれました。

確かに、「ずっとこの家にいたら、どんなに快活な人でもおかしくなりますよ！」と言いたくなります。

よく晴れた昼間なのに、家の中は真っ暗。電気を点けなければ生活できないほどの暗さなのです。窓の外には木の枝が折り重なっているので、室内には木漏れ日すら届きません。畳もしっとりしていて、室内はカビ臭く、なるべく呼吸を最小限にしようと努めたくなるほどです。

ただ、この依頼者さんが私を呼んだのは、この家を建て替えるために土地の形状を把握したいという測量の依頼のためでした。思わず「いい決断をされましたね！」と握手したくなります。ここに住み続けていいことなどあるはずありませんから。

――家を建て替えたら起こったこと

無事に土地の測量も終えて、数か月後、木で覆われていた家に再度訪問することになりました。以前の建物は取り壊し、家を新築されたとのことで、「建物表題登記」

という、新築した際に行う登記の依頼がきたのです（土地家屋調査士は土地だけではなく、建物の調査・測量も行います）。

久しぶりに訪問したその地を見たところ……。なんということでしょう！　以前に訪問したときとはガラリと印象が変わり、とても素敵な住環境になっていました。うっそうと茂っていた木はなくなり、適度な数の形のよい樹木がシンボルツリーとして建物を引き立てています。地面を覆っていた雑草はなくなり、すっきりキレイなお庭になっています。


何よりもビックリしたのは、依頼者さんの変わりようです。

「毎日快適ですごく楽しく過ごしています。家を建て替えたらこんなに気分が明るくなるとは思いもしませんでした」

そう快活に話す表情は、最初に会ったときとはまるで別人です。

家が人に与える影響の大きさを、これでもかと思い知らされた事例でした。

日当たりの良し悪しは心身に影響を与える

太陽の光が入らない住まいは、体にも心にもよくありません。それだけ家の「日当たり」は大切なものなのです。

太陽の光を浴びると、体内時計が調節され、脳内にある「セロトニン」という物質が活性化します。セロトニンは、別名「幸せホルモン」とも呼ばれ、感情のコントロール、神経の安定に深く関わっていて、ポジティブな気持ちにしてくれる効用があります。

日当たりの悪いところで生活をしていると、セロトニンが生成されにくくなるので、精神状態が不安定になり、ネガティブな気持ちになりやすくなってしまいます。

また、風水では、建物より高い樹木は「家長の運気を吸い取り、頭を押さえつけて出世や成功を妨げる」とされているそうです。

信じるも信じないもその人次第ですが、大きすぎる樹木の存在が住んでいる人に悪影響を及ぼすことがあるのは間違いないと思います。

――多すぎる樹木は犯罪をも招く

敷地内の植栽は、周囲の道路や近隣住人からの視線をシャットアウトできる、いわゆる「目隠し」になるというメリットがあります。

しかし、その「目隠し」ができる点が、犯罪を招く可能性もあるのです。

空き巣などの侵入者は、入る家を下見します。下見のときに、植栽の手入れを施していないお庭は、住人が家の管理に無関心で、防犯意識が薄いと判断されます。

さらに、伸びきった植栽は侵入者の身を隠すのにうってつけです。下手をすれば何時間でもそこに留まることができてしまいます。

高すぎる塀のある家の項（99ページ）で詳しくお話ししますが、**周りの人の目が届かない家は防犯上、非常に危険なのです。**

手入れされていない樹木はトラブルのもとになる

「隣の庭の樹木に長年迷惑していた！」という方にお会いしたことは、一度や二度ではありません。

都内のある住宅地で測量の依頼をされたときのこと。
隣地の方に、境界立会いをしたくないと断られてしまいました。慌てて理由を尋ねたところ、20分くらいノンストップで依頼者さんに対する苦情を聞かされました。

「ほら、あそこの木を見てくださいよ。枝がこっちに飛び出してきているでしょう?
虫が付くからあちら側には布団も洗濯物も干せないんですよ。それに、なんといっても落ち葉の掃除が本当に大変なんです！ なぜ、よその家の木のために毎日こんなに苦労しなければいけないの？　私だって暇なわけではないんですけど……」

私はひたすら聞くことしかできませんでした。このお隣さんは、一体どれほどストレスをためてこられたのでしょう。**枝が越境していれば気分が悪いのはもちろん、落葉樹だと落ち葉の処理までしなければならない**のかと、今さら気づかされました。

あまりにもお気の毒に思ったので、「私から○○さん（依頼者さん）にお話ししましょうか？」とお尋ねすると、「いえ、あなたに言ったらスッキリしました。この勢いでご本人に直接お話ししますね」と、数十年越しの不満をご本人に伝えに行きました。

私に怒りをぶつけたことで、いい具合に毒も抜けたのか、お隣さんはなんだか明るい表情になっていました。

この分なら私が介入しなくても大丈夫だと判断し、その日は測量をして帰りました。

後日、再び測量作業で依頼者さんのお宅に伺うと、越境していた樹木の枝がきれいに伐採されていました。

「お隣さんから『落ち葉で長年悩まされているから、枝を切って欲しい』って打ち明けられて、ビックリしたんです。すぐに造園業者を手配して、枝を切りました。その後、菓子折りを持ってお詫びにも伺いました。今まで、お隣さんとはお会いしても軽い会釈程度の関係でしたが、それからは世間話をすることも増えて、すっかり仲良しになりました。それにしても、うちの樹木が原因で長年ストレスを与えていたなんて、気がついてなかったのが申し訳なくて……」

まさに雨降って地固まる。この件はハッピーエンドとなりました。

それにしても、庭の樹がお隣さんに迷惑をかけていることを依頼者さんが長いことまったく気づいてなかったというのは、結構ぞっとするお話ですよね。

もしかして、自分も気づかないうちに迷惑をかけているのかも、などと色々考えてしまいます。

樹木の問題は根深いご近所トラブルになるのだと、改めて気づいたエピソードでした。

物置をいくつも建てている家の人は
せっかちだった

最近では、通話機能のあるインターフォンを使っているお宅が多いように感じます。初めて訪問する人とはインターフォンを通して少しお話しして、怪しい人物ではないと確認してからドアを開ける……という流れが普通になっています。

ところが、都内のあるお宅を訪問した際、インターフォンを押したら、ものの数秒で依頼者さんが家から飛び出してきたので、腰を抜かしそうになりました。

この依頼者さんは60代の男性で、一人暮らしをしている自宅の土地30坪の測量を依頼されていました。あらかじめ訪問する日時のアポを取っていたので、待っていてくださったのだと思うのですが……、それにしても家から出てくるのが早すぎます。

玄関から見えた家の中は、かなり散らかっているようでした。

「今日はよろしくお願いします。作業が終わったら声をかけてください」

依頼者さんは早口でそう言って、さっさとドアを閉めてしまいました。

忙しい人なのかなあ、と思いながら測量を始めようと庭に出て少しビックリしたのは、物置が３つも並んであったからでした。

１つの物置の扉が開いたままになっていたので、見てはいけないと思いつつ、ちらっと拝見したところ、灯油を入れるプラスチック製のタンクがぎっしり。他にも自転車の空気入れらしきものや傘などが、いずれも十数個から数十個は置いてあるようです。

しかも、どれも新品のように見えます。転売とかリサイクル業でもしているのかな？と一瞬思いましたが、それにしてはあまりにも雑にしまってあります。

――じっくりやるのが苦手な人

依頼者さんは、**とにかく行動が素早い**方でした。

測量中に、「ちょっと買い物に出かけてきます」と言ったと思ったら、ものの数分で大量の荷物を提げて帰ってきました。

ただ、キビキビと効率よく動いているというよりは、バタバタとしていて、どちらかと言えばせっかちなのかな……と感じました。

ちらりと見えた家の中、そして物置の中の散らかりようといい、**腰を据えて何かをするのが苦手**なのかもしれません。

一人暮らしの家に3つも物置があるのも、捨てるものを見極めたりゴミをまとめたりするのが苦手なため物が溜まる一方で、必要に迫られて増やしたのかもしれません。

物置の中に、傘がたくさんあるのが見えましたが、きっと雨のたびに外出先で傘を買ってしまったのかもしれません。

せっかちな人は準備をしてから行動に移すのが苦手なところがあります。そう考えると、依頼者さんには出かける前に天気予報を確認するという習慣がなかったのかもしれません。

そんな心理が物置の中にある傘の数、ひいては物置の数に表れてしまったのでしょう。

―― 物置の恐ろしさ

この依頼者さんのように、**ほとんど管理されていない物置は、とても危険です。知らないうちにカビや害虫が発生していたり、劣化して、台風などで破片が飛んだり、倒壊したりと様々なリスクがあります。**

この依頼人さんの家には、灯油を入れるタンクがたくさんありました。中身はおそらく空だと思うのですが、万が一にも灯油が入っていたら、火災の原因にもなります。

さらに**物置は、侵入者にとって格好の足場になってしまいます。2階以上の窓からの侵入や退避が容易になってしまうので、物置の位置にも注意しないといけません。**

何か商売をしていて商品を入れているわけでもない限り、物置が多い家に住んでいる人は、この依頼者さんのように**片づけられない性格の人**なのかもしれません。そのため、管理にはあまり期待できないでしょう。

極論かもしれませんが、**物置が多い家の近くには住まない方が無難**だと私は思います。

隣地との間に塀がない家の人はストレスにさらされていた

家と家との境界を可視化するための「塀」。

塀がないために起こるトラブルも、反対に塀を作ったがために不自由が生じてトラブルになることもあり、なかなか難しい存在です。

ただ、**隣地と密接しがちな日本の住宅事情を考えても、塀はあったほうがよい**のではないかと思います。

境界があいまいになることで、知らず知らずのうちに住人にとってのストレスになっていることがあるからです。

「もう限界です……。なんとかしていただけませんか」

ある女性の依頼者さんから隣地との境界線のことで困っていると電話がありまし

た。その声からは、怒りと切羽詰まった感じが伝わってきました。

できるだけ早めの日程をご提示して、お伺いすることになりました。

几帳面な依頼者さんとガサツなお隣さん

依頼者さんは、物腰柔らかな60代くらいの女性でした。こんなに穏やかそうな方があれほど怒りをにじませて電話をしてこられたとは、なんだか意外な感じです。

さっそく依頼者さんのお宅を、さっとプロファイリングします。

玄関にはきれいなお花を咲かせているいくつかのプランターが1列に並んでいます。お庭は雑草ひとつ生えておらず、細かいところまで手入れが行き届いているのがわかりました。そもそも物があまりありませんが、ガーデニング用の道具なども一糸乱れず整頓してあります。

詳しくプロファイリングするまでもなく、几帳面な性格だということが伝わってきました。

依頼者さんのお宅は建物の周りをぐるりと庭が取り囲む構造になっていて、家の裏手にも狭いながら庭が続いています。

そこが急ぎ測量を依頼したかった原因となった場所だと言うので、一緒に建物の裏手に回りました。

ひと目見て、依頼者さんの切羽詰まった気持ちや怒りを態度に表してしまった理由がここにあるのだと理解できました。

依頼者さんは裏手のお庭もきちんと手入れをしているのですが、隣の家との境界線と思われるあたりに廃品が山積みになっています。足が折れた机や椅子、壊れた箪笥《たんす》などの家具類が依頼者さん側の敷地になだれ込んできていました。

この廃品の主、つまり隣の住人は高齢男性とのこと。依頼者さんによれば、こういった廃品や私物が越境してくるばかりか、本人もうろうろと依頼者さんの敷地に入ってきたりするというから驚きです。

こんな状況をなんと40年以上も我慢していたというのです。

依頼者さんは真面目で几帳面な性格だとお見受けするので、さぞや苦痛だったでしょう。いや、几帳面でなくたって、こんなの耐えられません！　目障りなだけならまだしも、落ちている廃品でケガをしたり、廃品によっては虫が発生したり、火災の原因になったりすることもあるでしょう。とても見過ごせません。

依頼者さんにも同行してもらい、お隣さんに測量することをお伝えしに伺いました。インターフォンを押すと、70代くらいの男性がのっそりと現れました。伸びたひげやぼさぼさの髪、よれた服など、どう見ても「きっちりしている」とは言い難いお姿です。

「測量？　土地でも売るの？」

お隣さんは、よく言えば気さく、悪く言えば馴れ馴れしい感じで、興味深そうに尋ねてきました。

塀を建てる目的で測量をすることは伏せ、今後のためにも境界線をあらためたいと依頼があったと伝えると、難なく承諾してくれました。失礼ながら、だらしないだけで、決して難しい方ではなかったのが救いです。

さっそく、測量作業に着手します。

依頼者さんとお隣さんの土地の境目付近には、境界を示す目印となる**境界標**がありませんでした。

土地によっては、土地の位置や形状を確認できる「地積測量図」という図面が存在する場合もあるのですが、事前に法務局で調べたところ、残念ながらそれはなさそうでした。

また、依頼者さんも過去の「実測図」などの測量図面を保有してはいませんでした。

そういう場合は、依頼者の土地とお隣さんの土地をまとめて測量して、全体の面積を求めて、登記簿の面積で割り振るという方法をとるので、少々手間がかかります。

その結果、依頼者さんの建物と、お隣さんの建物の間のほぼ中心に境界線を引くことができました。

この形状でしたら、登記所に保管されている「公図」（土地の大まかな位置や形状を表す図面）とも一致しており、法律上の筆界線と言ってもおかしくありません。

そして後日、境界立会いを行います。

依頼者さんとお隣さん、そして私の3人が境界線付近に集結し、どこか緊張した雰囲気が漂いました。私が設定した境界線の説明と、このような境界線になった理由を、依頼者さんとお隣さん、それぞれの顔を窺《うかが》いながら丁寧に説明したところ、どちらも納得してくれたのでした。

私は、「このタイミングだ！」と思い、お隣さんに私物や廃品が「境界をはみ出して置かれているようですね」とさりげなく指摘してみました。塀ができても平気で越境するような人なら困りますからね。

するとお隣さんは、「本当だ。これは申し訳ない。すぐに片づけますね」と、あっさりと非を認め、片づけることを約束してくれたのです。

このお隣さんも決して悪気があって私物を置いていたわけではなく、**単にどこまでが自分の土地なのか、その境界線を知らなかっただけ**だったのでしょう。

それから2か月後。依頼者さんからのお電話で、無事にブロック塀ができたというご報告をもらいました。こちらが恐縮するくらいお礼も言っていただき、心のつかえがとれたような明るい声に私も嬉しくなりました。

あのだらしないお隣さんとも、真逆の性格ではあるけれど、きっとうまくやっていけるだろうという予感がしました。

境界線を引くと言うとどこか冷たい感じがするかもしれませんが、境界を分けることが適度な距離を取ることにもつながり、かえって健全なお付き合いが生まれることにもなるのです。

――土地のなわばりとパーソナルスペース

「パーソナルスペース」とは、他者に近づかれると不快に感じる空間のことを言います。

満員電車や満員のエレベーターなど、人が多く、人との距離が近いことを不快だと感じたことはありませんか？　それは、「これ以上近づいてほしくない」と思う自分のパーソナルスペースに他人が越境しているからです。

人間も動物なので、パーソナルスペースが侵されるのが不快なのは、ある種のなわばり意識があるためなのかもしれません。

アメリカの文化人類学者のエドワード・T・ホール氏は、相手が恋人、友人、家族、ビジネスパートナーなどで対人距離が変化することを提唱しました。

つまり、恋人のような心を許した相手との対人距離は密接しても大丈夫なくらい狭く、素性のわからない人ほど対人距離が広い（近づいてほしくない）ということです。

人間関係は、お互いのなわばりを尊重することでうまくいきます。自分のなわばりは主張して責任をもって守り、相手のなわばりは侵さないということです。

シェアするのがよいことだという考えや、きっぱりと分けずにフレキシブルに譲り合うほうが平和的……とする考え方もあるかもしれませんが、それだけではうまくはいかないのではないかと私は思うのです。

きちっと境界線を引いて、自他のなわばりを分けたほうが平和な場合もあります。国同士でも国境という境界線をめぐっての争いが絶えないほど、境界とは本来ナーバスなものです。分けられないから問題が起きる、ということがあります。

幸い、住宅同士の境界線は、根拠をもって明確に分けることができます。家や土地は、まるごと大きなパーソナルスペース。そこに線を引いてお互いのプライバシーや権利、安心で安全な生活を守る。それが私の仕事の目的とも言えます。

さて、今回の依頼者さんは、なんと40年も隣から境界線を侵犯されていることを我慢してきました。依頼者さんが女性で、お隣さんが男性ということもあり、逆上などを恐れて言い出せなかったこともあるでしょう。

隣地との塀がない家をプロファイルするとしたら、住民がひそかに**ストレスを抱え**

ているかも……と思うくらいで、当事者以外にさほど害はないかもしれません。

ただし、あなたの引っ越し先の家に塀がないとしたらどうでしょうか。

最近は、オープン外構といって最初から塀やフェンスのない建て売り物件が増えています。開放的な反面、プライバシーが守られない、人が侵入してくるなど、やはりトラブルはあるようです。

　今回のケースのように、お隣さんが廃品やゴミをこちらの敷地に置いてきたり、樹木が越境してきたり、はみ出して駐車されたり、通路代わりにされたり……と、少し考えるだけでデメリットもたくさんあります。お隣さんが塀の設置を快諾してくれなかったら、ずっと我慢し続けることになるかもしれません。

　どんな物件に住むにせよ、塀と境界はしっかり確認しておくことを強くおすすめいたします。

塀のプロファイリング Episode2

高すぎる塀のある家の人は人間不信に陥っていた

測量のため、都内某所を訪れたときのことです。

依頼者さんのお宅の近くまで来たところ、目に飛び込んできた景色に、思わず足が止まりました。

ある家の周りを高い塀がぐるりと取り囲んでいたのです。なんだかそのお宅だけ、周辺の町並みから隔離されているかのようでした。

その塀は、依頼者さん宅のものではなく、お隣の家のものでした。

依頼者さん宅のものではないということで安心できるわけではありません。隣地のものということは、測量の対象となる土地にあるということです。

人の背丈より高い塀に囲まれたその家は、さながら要塞とか、秘密の化学工場と

か、そんな風情を醸し出していました。

なんだかもう最初から気が進みませんが、測量の対象となる土地ですから、関わらないわけにはいきません。

依頼者さんに同行してもらい、お隣さん宅のインターフォンを押してみます。

しかし、誰も出てきません。

ベランダには洗濯物があり、窓からはリビングの灯りがかすかに見える状況から、家の中に人がいる気配はあったのですが……。

依頼者さんに、お隣さんはどんな人が住んでいるのかを尋ねるも、「お隣さんはたまに見かける程度で、話したことがないのでよくわからない」とのこと。

見たら連絡をしてほしい旨を書き添えた挨拶状を投函し、その日のご挨拶はあきらめることにしました。

翌日、私の携帯電話に電話番号を非通知にした着信がありました。電話に出たところ、相手はあの高い塀の家に住んでいる人でした。中年の男性の声です。

「境界の立会いには協力します」と言ってもらえたので、ひと安心。

「ただし」と、男性は条件を提示してきました。それは、「あなた以外の方とはお会いしたくないから、必ず1人で来て欲しい」というものでした。

「1人で来て欲しい」とは、どのような意図なのだろうかと考えながら、いつもはスタッフと一緒に訪れるところを、お隣さんの指定通り1人で現地にやってきました。

一体どんな人が住んでいるのだろう？

現れたその人の出で立ちに、私は度肝を抜かれました。

なんと全身が黒ずくめです。

黒の上下に、黒のニット帽。極めつけは黒いサングラスに顔の下半分を覆う大きなマスク。言葉を選ばずに言えば、これから銀行強盗でもしようとしている人の出で立ちです。

念のために付け加えますと、新型コロナウイルス感染症がはやる前のことですし、花粉症のシーズンでもありません。ほとんどの人は普段からマスクを着けていないときのことです。

私が少したじろいでいる気配を察してか、「お隣さん（依頼者さん）は、なんであなたに測量の依頼をしたの？」と話しかけてきました。てっきり、会話すら嫌なタイプだと思っていたので、少々意外です。

彼は無口どころか、その後も、「あっち（依頼者さん）の土地は何坪あるの？」「境界点はここ？」「書類はいつできあがるの？」などと、こまごまとした質問をたくさん浴びせてきました。

一度お答えしても同じ質問をもう一度されたりして、ひっきりなしに話し続けることになったのです。

お隣さんの質問に答えてばかりいるのもなんなので、こちらからも「もしかして、〇〇さん（依頼者さん）とお会いになりたくありませんでしたか？　何か気になられることでも……」と尋ねると、「俺のことはいいから！」と即座にシャットアウトされてしまいました。

自分の素上については、何ひとつ漏らしたくないという強い意志を感じました。

――塀の高さは法令で決まっている

ここまで読んで、「普通の住宅で、そんなに高い塀のある家を見たことがない」と思った方がいるかもしれません。その感覚は正しいです。

塀の高さは、法令で制限されています。

塀は倒壊すれば命の危険を招きます。塀が高いほどその危険性は高まりますので、特別な設計でない限り、厚さ10～15センチの場合は2メートルを超えてはいけない決まりがあります。厚さ15センチ以上のブロック塀なら高さは2メートル20センチ以下です。これを超える高さのものは現在の建築基準法の規定に違反していることになります。

今回訪れたお隣さん宅の塀は、ゆうにその高さを超えています。

しかし、塀の高さが前述のように定められたのは1981年の建築基準法改正によってです。それ以前に建てられた塀に関しては、高いまま現存しているものも少なくありません。このお隣さん宅のものも、おそらく法改正より前に建てられたものなのでしょう。

―「黒色」が示す心理

他にも気になったことと言えば、なんといっても**全身黒ずくめの服装**です。

黒い服を好む人とはどういう人なのでしょうか。

よくデザイナーやスタイリストなど、クリエイティブな職業の人が黒ずくめの服装をしていたりしますが、写真や映像に映りにくくするようにとか、モデルやタレントを引き立てるためにといった説があるようです。いずれにせよ、**自分が目立たないよ**

うに……という効果を求めて選んでいると言えます。

また、黒ずくめと言うと、どうしても悪い人が着ているイメージが強くあります。実際、治安情報サイトの調査では、不審者の約半数が黒を好んで身に着けるというデータがあります（「ガッコム安全ナビ」2017年4～6月調査より）。同調査では強盗や詐欺などの「凶悪犯罪は目立つ色が比較的多く認知され」ていて、こそこそ人目を忍んで犯行に及ぶ不審者やちかんは黒・青・グレーなどの「目立たない色が認知され」ている、と分析しています。

実際、黒が目立たないかと言えば、夜の闇には紛れそうですが、昼間はかえって悪目立ちしそうな気がします。

ただ、あの塀の家に住んでいる男性の言動から考えると、**目立ちたくない、人から注目されたくない**という思いは間違いなくあったように私は思います。

色彩心理カウンセラーの佑貴つばささんは、黒い服を選ぶ心理として、「孤独・人と距離を置きたい心理」などを指摘しています（プレジデントウーマンオンライン、2020

年5月23日掲載）。注目したいのは、「そっとしておいて」「自分を守らなくては」という気持ちがそこに表れているということ。

高い塀の家に住む男性は、自分のことは一切語りたくないというのは言動で示していましたし、黒ずくめの出で立ちを選んだのも、自分を守るために、そっとしておいてほしいという心理が働いていたのかもしれません。

高い塀も、私以外の人に会いたくないという発言も、**自分自身を守りたい一心**だったのかもしれません。

しかし、そこまでして自分を守りたいのはなぜなのでしょうか。おそらく有名人や要人ではないと思うのですが、一体何から自分を守りたかったのでしょうか？

推測するしかありませんが、**他人に対してかなり疑心暗鬼になっているのだと思います。何度も何度も同じことを確認された心理と合わせて、警戒心が強く、疑り深い人物なのだと思います。**

このお隣さんのように、かたくなに自身を開示しない人が近くに住んでいたらどうでしょう。隣に住む依頼者さんも「ほとんど知らない」と言っていたように、**そもそも人と関わりたくない**ようなので、あまり自分から近所に干渉してくるようなことはないとは思います。

ただ、**疑心暗鬼から「監視しているのではないか」などと疑われたら、かなり面倒なことになりそうです。用があるときに一切応じてくれないのも困りものです。**

何より、近所にあんなに高い塀があったら、**日当たりも悪くなるし、圧迫感が強くてたまったものではありません。**

それに、高い塀は、実は防犯の面でも心配があるのです。

── 高い塀は防犯的にはNG

警視庁によれば、侵入者は盗みに入る家の下見をするとき、周囲の人通りや人目が少ないことをもっとも重視するそうです。空き巣などは人目を嫌うのですね。

高い塀はセキュリティーがしっかりしている印象を受けますが、防犯上はよくないとされる理由はここにあります。

塀の中にひとたび入ってしまえば、通行人や近所の人の目が届かなくなります。そのため、空き巣などの侵入者は仕事がしやすいのです。

要塞などのように衛兵がいるわけでもないのですから、一般家庭の塀が高いのはむしろ防犯上マイナスだと考えたほうがよいでしょう。

塀の中が窺えない以上、誰かが潜んでいてもわかりません。倒壊の危険もあるし、やはり高い塀のある家の近くには住まないほうがよさそうです。

駐車場のプロファイリング Episode1

車をはみ出して停めてくる人は偏屈な人だった

これまで仕事をしてきて、一、二を争うほどヤバい感じの人と関わったエピソードをお話ししましょう。

なにしろ、依頼者さんが「ちょっとあの人とは関わりたくない」と最初から同行を拒否してくるほどだったのです。

緊張で動悸《どうき》が治まりませんが、インターフォンを押す前に、ヤバいお隣さんの不動産をプロファイリングして、少しでもショックを緩和しようと努めます。

土地は旗竿地です。**旗竿地とは、道路に接している出入り口部分が細長くなっていて、その奥にまとまった敷地がある土地**のことを言います。竿につけた旗のような形状をしていることから「旗竿地」と呼ばれています。

こういう土地は、**住居部分が道路から奥まっているため静かで人目につきにくいメリットがありますが、人目がないからなのか、なぜか住人が傍若無人になりやすいという傾向があると**、私の経験から言えるような気がしていました。

2階建ての家に小さな庭がありますが、その庭は荒れ放題。外から見える1階の和室と思しき部屋の障子は、ビリビリに破れています。

一番気になったのは駐車の仕方です。明らかに依頼者さんの土地に越境して駐車しています。その車には高齢者マークが貼付してありました。

もう、100%ヤバい予感しかありません。訪問しなくてよいなら、このまま踵《きびす》を返していきます。でも、仕事ですからそうはいきません。

震える手でインターフォンを押したところ、「誰!?」という怒気に満ちたしゃがれ声が聞こえてきました。こちらが誰か、用件もわからないうちから喧嘩腰とは、予想を上回る危険人物のようです。

気持ちを奮い立たせて、依頼者さんから測量の依頼を受けて挨拶に来たことを告げ

たところ、「測量？　俺には関係ない！」と、また怒気を含んだ声。

「いいえ、境界線で接しているので関係しておりまして、後日、境界立会いをお願いしたいのです」

「そんな暇ない！　帰れ！」

ブチッと音を立てて、インターフォンの通話が途切れてしまいました。

「取りつく島がない」とはこのことです。言葉を選ばずに言えば、偏屈を絵に描いたような高齢男性がそこには住んでいました。

仕方がないので、この日は測量だけして帰りました。

この案件はひと筋縄ではいかないぞと気を引き締め、日を改めて再訪します。

「ごめんください。先日も伺った平田です。境界確認の件で……」

言い終わる前に玄関ドアが勢いよく開いたので、飛び上がりそうになりました。

「あんたもしつこいな！　帰れよ！」

「いいえ、そういうわけには参りませ……」

「帰れと言ったら、帰れ！」

ドアがバンッ！と閉まり、私はまた取り残されてしまいました。

一体どうしたものだろう……。途方に暮れてしまいました。

依頼者さんは現在の住まいを売りたがっています。

そのためには測量し、隣地との境界を確認して、境界標がないところは設置し、最終的にお隣さん同士で境界確認書を取り交わさなければなりません。しかし、このままでは、境界立会いなど到底不可能です。

仕方がないので、一度依頼者さんを訪問して、一部始終を報告しました。依頼者さんはため息とともに、「そうでしょうね……」とつぶやきました。

「お隣さん、とにかく気難しいおじいさんでしてね。駐車はめちゃくちゃだし、深夜でも大音量でテレビの音が聞こえてくるし……」

この日も改めて確認したのですが、お隣さんの車は50センチほど依頼者さん側の土地にはみ出して停めてありました。

「正直、迷惑しているんです」

「お隣さん、ご家族はいらっしゃらないのですか？」

もし家族がいるなら、そちらに話をして取りなしてもらえないかと思ったのです。

「いいえ、今はお独りです。以前は奥さんと暮らしていたんですよ。そのときは気さくな方だったんですけどねえ」

依頼者さんの話によると、2年ほど前に奥さんが亡くなり、それからお隣さんは豹《ひょう》変《へん》してしまったそうなのです。

私は一瞬言葉を失い、お隣さんの印象が、ただの危ない人、厄介な人から、がらりと変わったのを感じました。

同情などあのおじいさんは望まないと思いますが、旗竿地の荒れた一軒家で、独りぼっちで寝起きしている姿を想像すると、なんとも言えず切ない気持ちになりました。

私はこの後も何度かお隣さんを訪問したのですが、結局ただの一度も応じてはもらえませんでした。

お隣との境界線は「未調整」として処理するしかなくなりました。

残念な幕切れになってしまったと思っていた本件ですが、2か月後、思いがけない動きがありました。

お隣さんが亡くなったと、依頼者さんから連絡があったのです。

「息子さんのお話によると、心筋梗塞だったそうです。もう葬儀もすませて、相続の話になっているみたいですよ」

これにはさすがにビックリしました。

「未調整」だった境界線は、相続人の方に確認してもらうことができ、一応この件は終わったのでした。

――「老い」を理解しようとすることが大切

私は、このお隣さんに対する印象を単に「近所迷惑で自分勝手な人」と決めつけていた節があったのではないだろうか、と考えました。

年を取り、認知機能や運動能力が衰えると、生活に様々な支障が出てきます。

駐車の仕方が悪かったのも、幅が2メートルの狭い通路部分にきれいに停めることは、このお隣さんにとって難しかったのかもしれません。

深夜にテレビの音量が大きかったのも、耳が遠くてテレビの音が聞こえなかったのかもしれません。

発達心理学によれば、老年期は内向的で自己中心的になる傾向があるそうです。その理由は、老化や加齢により社会的役割が喪失して、生きがいを見出せなかったり、

自分の存在価値がわからなかったりして絶望感を持ってしまうためだそうです。

そう考えると、境界立会いに応じていただけなかったのも、本当に自分自身のことで精一杯だったのかもしれません。

真相はわかりませんが、「老い」をわかろうとすることが今後も大切だと強く感じました。

── 駐車のマナーには多くの人が悩んでいる

ただ、私はこのエピソードを通して、**駐車の仕方に問題がある住人は、色々な意味で何かあると考えたほうがよい**とも思いました。

近隣の駐車のマナーには、たくさんの人が迷惑しているようです。ご近所トラブルの内容ランキングを見ると、騒音やゴミ出しなどと並び、だいたい上位に挙がっています。今まさに駐車関係のトラブルに巻き込まれているという方もいることでしょう。

今回のケースのように、**隣の敷地や道路にはみ出して駐車している住人**とはどんな人なのでしょうか。

わざとなのか、駐車がうまくできないためにやむなくなのか、気づかずやってしまっているのか?

注意してもなかなかやめてもらえない場合も多いようで、根深い問題です。

引っ越し先でも、ご近所の方の駐車マナーはしっかり見ておく必要がありそうです。

このお隣さんのように偏屈な人かもしれませんし、駐車がうまくできない人なら運転もうまくないでしょうから、それはそれで事故なども怖いですよね。

ちなみに今回の依頼者さん、50センチほどの車のはみ出しに怒りを募らせていました。「それくらいで大げさでは?」と疑問に感じる方もいるでしょう。でも、都心部では、わずかなはみ出しでもシビアになる人が多いものなのです。

特に東京の都心周辺では狭いところに家がひしめき合って建っており、地価も高いためか、他県の人と比べて土地の権利意識が強い印象を受けます。

マンションの駐車場とお隣さんとのトラブル

駐車のトラブルは、はみ出し駐車だけではありません。最近はクリーンな自動車が増えたとはいえ、未だに**排気ガスのトラブル**もありますし、クラクションや走行音といった**騒音トラブル**もつきものです。

ファミリー層が多く住む賃貸マンションでお仕事をしたときのこと。マンションの隣地に住む方から、積年の恨み言を聞かされました。

そのマンションの敷地内には、居住者のための駐車場がありました。駐車場側には、隣地と隔てるブロック塀があり、隣地の所有者と境界立会いを行うことになりました。

境界標の位置から、ブロック塀は隣地の方の所有物ということが理解できました。

お隣の方も、境界線については異議なく、境界立会いをすませることができました。

立会いが終わったところで、「ところで、このブロック塀、見てくださいよ」と、お隣さんは怒りをあらわにして、ブロック塀の一角を指さしました。塀のマンション側を見ると、白いブロックの一部が真っ黒に汚れています。

「これは……。排気ガスの影響ですか？」と私が尋ねると、お隣さんは頷いてこう言いました。

「マンションの住人たちがうちの塀を背に駐車するので、塀が真っ黒になってしまったんです。おまけに、排気ガスもこっちに流れてくるし……。もう、30年以上ずっと我慢しているんです」

30年以上も我慢し続けていたとは！　隣地との間に塀がない家の女性も40年我慢していたと言っていましたが（89ページ）、やはり**何年経とうが、お隣への文句は言えないもの**なのですね。

排気ガスは健康にも悪影響ですし、マフラーからの排気音もうるさいでしょうから、この機会に対処するべきだと思いました。

そのお隣さんに確認を取り、依頼者さんであるマンションのオーナーにお話ししました。

するとオーナーは、「わかりました。私の方からマンションの管理会社に連絡して、早急に対応いたします」と、すぐに応じてくださったのです。どうやら、本当に気づいていないだけだったのですね。

数日後には、さっそくブロック塀の清掃が行われました。

今後同様のことがないように、マンション居住者に駐車場の「前向き駐車（隣地に向けて車を停め、排気ガスが出るマフラーはマンション側に向ける）」を徹底するよう通達され、看板も設置されました。

さらに、ブロック塀のマンション側には板塀も設置されるという徹底ぶりでした。

ご近所トラブルは、どれだけ迷惑をこうむっても、その後のお付き合いを考えるとどうしても言えない、という人が多いものです。しかし、迷惑をかけていることに気づいていないだけのケースもよくあります。

自分で言えなければ、私のような第三者を挟んでもよいので、できれば一度話してみて欲しいと思っています。

共用部分を見れば住人がわかる

マンションやアパートは、戸建ての住宅と違って、壁1枚でご近所さんと隣り合うことになります。ですから、一軒家よりも、マンションやアパートなどの集合住宅のほうがご近所トラブルは多いというのも頷けます。

私は集合住宅にもよく仕事で訪れますが、一軒家よりもプロファイリングがやりやすいと感じます。見るべきポイントが絞り込まれているからです。

――共用部分の私物はどんどん増える

マンションやアパートでまず確認してほしいのが、エントランス、共用廊下、共用階段、外階段、ゴミ置場、敷地の庭です。

これらは**共用部分**と言って、みなさんが使用する大切なスペースになります。**共用部分に私物が置いてある物件は注意が必要です。**

特によく見かけるのが、自室の前の廊下に置かれている自転車、ベビーカー、傘、鉢植えやプランターなどです。

10階建てのマンションを訪問したときに、上層階の外廊下に堂々とお布団が干してあるのを見て、ビックリしたことがありました。

高層マンションではベランダに布団を干すことを禁じている場合があります。

ベランダには干せないから、共用廊下

のわずかに日当たりのある場所に干したのでしょうか。
見た目もよくありませんし、布団が落下して下を歩いている人に覆いかぶさったり、外階段に落ちて、踏んでしまった人が滑ったりする可能性だってあります。

私物を廊下に置くのは、自分勝手だからというわけではないかもしれません。広いお部屋に引っ越したくても生活が苦しくてそれはできない。かといって、部屋のキャパシティ以上の荷物をどうにもできず、つい自室前の廊下に置いてしまう……。そんなケースも多いと思います。

しかし、どのような理由であろうと、1人がルールを破ると、「あの人も置いているからいいや」と、他の人も次々とルールを破るようになります。ルールを破る人が増えていけば、やがて、そのマンションの共用部分全体が私物だらけになってしまいます。

共用部分が私物だらけというマンションは、実際にたくさん存在しています。

私物を避《よ》けないと自分の部屋にたどり着けないなんて、不便だし、危険だし、絶対に避けたいものです。

万が一、マンションが火災や地震に見舞われてしまったときには、共用部分は大切な避難経路となります。廊下などに私物が置かれているのは、命にも関わる問題といっても大袈裟ではありません。

――エントランスで掲示の内容をチェックしよう

共用部分の1つである**エントランス**は住民が必ず通る場所であることから住民への注意事項などが掲示されていることがあります。**掲示板などがあれば、その張り紙に注目してみましょう。**

張り紙をたくさんしなければいけないほど、注意喚起が必要なことが多いとも言えます。つまり、自己中心的でマナーの悪い住人が多くいる可能性があります。

張り紙を見れば、騒音、共用部分の私物化、不法投棄、禁止されている楽器の使

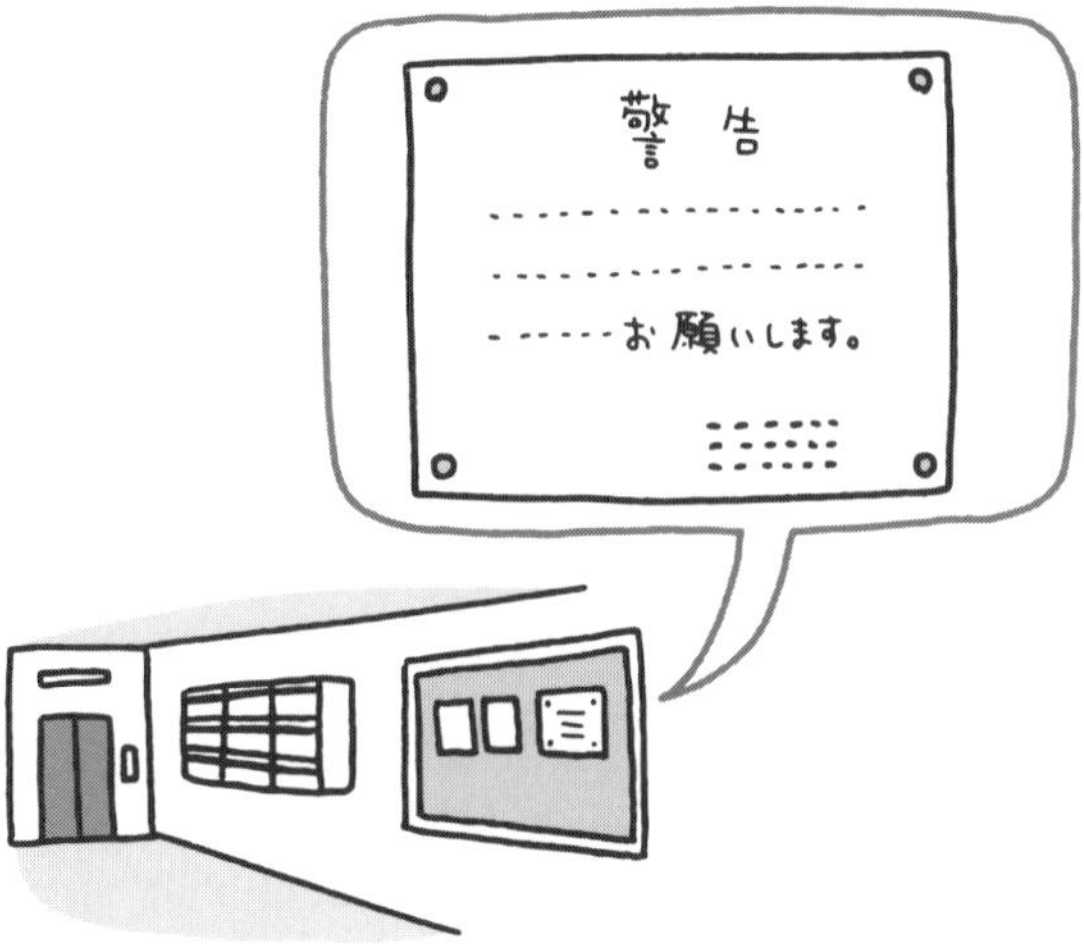

用、ベランダでの喫煙など、住人の行動や、過去のトラブルの内容が一目瞭然です。

ペット飼育可のマンションの掲示板で、「共用部分でのフンは飼い主さんが持ち帰ってください」という張り紙を見たことがあります。これが何を意味しているかというと、かつて、または最近、そのマンションでそのようなトラブルがあったということです。

また、注意事項の記載が、日本語のほかに外国語で記載されている張り紙があれば、外国の方も生活していることもわかります。

――居心地のよいマンションはゴミ置場が整理整頓されている

共用部分の中でも、特にしっかり見ておきたいのが**ゴミ置場**です。

小規模のアパートやマンションをのぞいて、それなりの規模のマンションなどには建物内にゴミ置場が設置されていることが多いものです。

ゴミ置場がしっかりと整理整頓されていれば、そのマンションはよい物件だと言えます。

「整理整頓」とは、燃えるゴミ、不燃ゴミと、プラスチック、段ボールなどのリサイクルゴミが、ゴミ置場内できちんと区分けされていて、住民もその区分けを守っている状態です。

ゴミ置場でこのような工夫がなされているマンションは、**マンション全体も管理が行き届いている**印象を受けます。

そういったマンションは、**信頼できる管理人さんが常駐しています。**そんな管理人さんがいるマンションは、ゴミ置場以外の共用スペースも清潔感が保たれているものです。

マンションは戸建てと違い、個が埋没しやすく、責任の所在があいまいになり、「自分勝手さ」が起こりやすい環境とも言えます。

特に、ゴミ置場のような「人の目につかない場所」ほど、住環境の本性が現れやすくなります。

ゴミ置場は住民のマナーを映す鏡のようなところですから、住むことを検討している物件なら、必ず確認するようにしましょう。

第3章

キケン?　それとも問題なし?

物件からは想像できなかった住人の本当の姿

Case 1 ゴミ屋敷の住人はビックリするほどマトモな人だった

誰が見てもひと目で「ヤバい人が住んでいる!」と感じざるを得ない物件がありま す。例えば、ゴミ屋敷や、外装が特異な家など。こういう家は近くに住むどころか通りかかるのも怖いと感じてしまいます。

ところが、そういう物件の住人とお話しして、意外な素顔に触れたこともあります。そんなとき、私は「住んでいる物件から受ける印象は、実際の住民の人となりとかけ離れていることもあるのだ」と学びました。

この章では、物件の見た目と住んでいる人の印象にギャップがあった物件についてお話ししていきます。

不安というものは「知らないこと」から生まれます。今お住まいのお宅の近くに

「ヤバそう」だけどどんな人が住んでいるかわからないので、なんだか怖い、気が休まらない……、そんなふうに感じさせる物件があるかもしれません。

あくまでも私の観測範囲ではありますが、**本当に「ヤバい人」というのはごくわずかです。ほとんどが何か事情を抱えているだけの「まともな人」なのです。**

まずは、私がそんなふうに思うようになったエピソードを紹介していきましょう。

閑静な住宅街の一画に、そこだけ異様な雰囲気のお宅がありました。

壊れた自転車、古そうな物干し竿《ざお》、長年使われていなさそうな椅子やテーブル、長年雨ざらしになって使えそうにないベビーカーやボードゲームなど、いろいろな物が庭に山積みになっています。低木や雑草も伸び放題です。

誰もがそこを見れば「ゴミ屋敷」と言ってしまうだろうお宅の典型的な光景でした。

このゴミ屋敷も、依頼者さんの土地の隣地に当たるため、測量の対象です。

テレビに映し出されていたゴミ屋敷の主たちが、「何がゴミだ！　全部使ってるんだよ、ボケ！」「片づけろだと？　誰が迷惑してるのか言ってみろ！」などと怒鳴り散らしている、そんな映像が頭をよぎります。

きっとここに住んでいる人は、異様にキレやすい危険人物なのではないか……。そんなイメージがどうしてもぬぐえませんでした。

依頼者さんに、「お隣に住んでいるのはどんな方なのでしょうか？」と聞いてみましたが、「挨拶程度しか話したことがなくて、よくわからないんですよね」とのお返事で、なんの情報も得られませんでした。

インターフォンを押すまでに少し時間がかかったのは、物を踏まないように注意しながら敷地内を進んだせいもありますが、正直、挨拶をしたくない、いっそのこと逃げ出してしまいたいという心境から、足の進みが遅くなってしまったのもあったかもしれません。

しかし、その日、ゴミ屋敷の住人の方は留守のようでした。いつもは訪問したお宅が留守だと残念に思うのですが、そのときはホッとしている自分がいました。

——ゴミ屋敷にしてしまう素質とは？

挨拶に行きたくない気持ちはあるものの、連絡を取らないままにしておくわけにはいきませんので、その週の日曜日に再度ゴミ屋敷を訪問しました。

ドキドキしながらインターフォンを押せば、今度はすぐに「はい」とのお返事がありました。

「お忙しい中すみません、平田と申します。お隣の○○様の測量の件でご挨拶に伺いました」

「はい、どうぞお入りください」

あれ？　失礼かもしれませんが、ごくごく普通の、いや、むしろ丁寧な対応。ちょっと面食らってしまいました。

境界の立会いにも快く応じてもらうことができ、事なきを得ました。

ゴミ屋敷の家主さんは、50〜60代くらいの男性でした。聞くところによれば、独身で、町工場で職人として働いているそうです。お仕事はかなりお忙しいようで、朝早くから夜遅くまで働き、深夜に帰宅することが多いのだとか。

お話の節々からは、とても真面目な方という印象を受けました。

ひとつ気になったことと言えば、**会話の中で少しでも話が途切れると、間髪を入れずに別の話題を出してくる**ところでしょうか。頭の回転の速い方なのだろうと思うと同時に、「この人は、きっと『間』が怖いのだな」と感じたのです。

「間」のお話は「庭の「ここ」を見れば住民の心がわかる」の項（65ページ）でもしましたが、**なんらかの理由で心に余裕がないと、徐々に家にも間がなくなっていくことがあります。**

家の中が散らかっていても気にならないどころか、むしろ多少ごちゃごちゃしているほうが落ち着くという人がいますが、これも間を恐れる心理から来ているのかもしれません。

そう考えると、**ゴミ屋敷にしてしまう素質は、実は多くの人が持っているのではないか**と思いました。

「これくらいならいいか」が積もり積もって、気がついたら身動きが取れなくなっていた……なんて、いかにもありそうですよね。忙しい人は特に要注意かもしれません。

──「割れ窓理論」でゴミ屋敷化が加速

アメリカの犯罪学者、ジョージ・ケリング博士が提唱した理論に**「割れ窓理論」**というものがあります。

1枚の割られた窓ガラスをそのまま放置していると、さらに割られた窓ガラスを増やし、少なかったゴミもどんどん増えていき、最終的には街全体が荒廃していく、という理論です。

犯罪が多かったニューヨーク市で、1994年以降、当時のジュリアーニ市長が、この「割れ窓理論」を参考に改革を行いました。割れた窓の修繕や、地下鉄や壁などの落書きの補修のほか、軽微な犯罪の取締りを強化した結果、次第に犯罪が減少、最終的に凶悪犯罪も減少したと言われています。

街全体が荒廃していくと、人の心もすさみ、軽犯罪から重犯罪へと発展していくということです。

マンションの共用部分の項（122ページ）で「1人がルールを破ると、『あの人も置いているからいいや』と、他の人も次々とルールを破るようになる」とお話ししたように、**「1つでもゴミが捨ててあると、自分も捨てていいだろう」という心理が働いてしまうのです。人の心は周囲の環境にとても影響を受けやすいのです。**

ゴミ屋敷に住んでいるお隣さんも、この家に住み始めた当初は、きっとゴミなんて1つもなかったのではないでしょうか。たった1つのゴミを許したことがさらにゴミを生み、どんどん増えていってしまったのかもしれません。

――ゴミ屋敷になりやすい傾向のある土地は？

ゴミ屋敷にしてしまう素質は、多くの人が持っていると書きましたが、そうはいっ

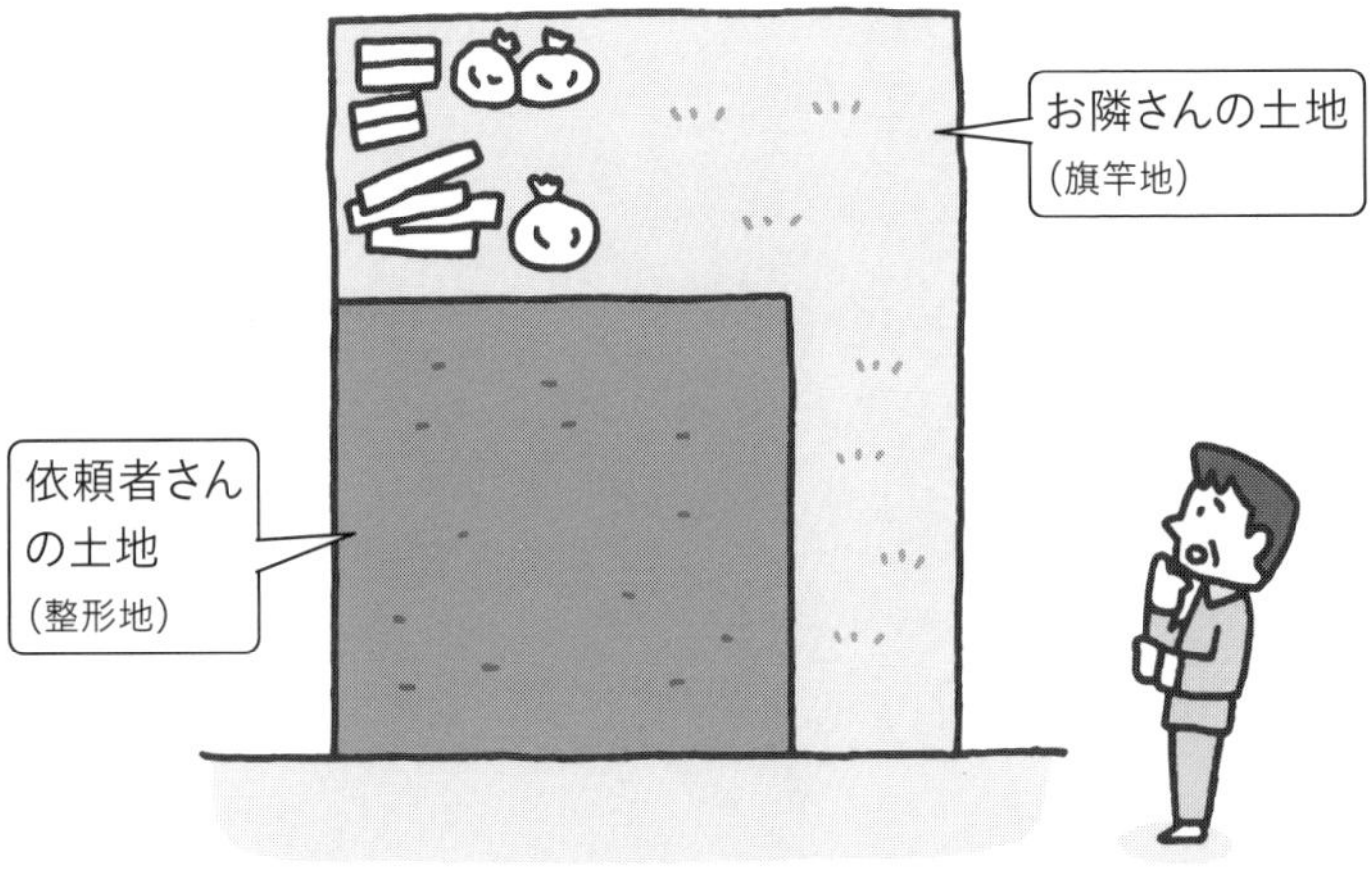

ても、ほとんどの人はゴミ屋敷になる前になんとかしていると思います。

ゴミ屋敷となっていたお隣さんの土地は旗竿地（109ページ）でした。

依頼者さんの土地は上の図のような位置にあり、こういう土地を**「整形地」**と言います。

旗竿地は、価格が相場よりも安く、道路から見える部分が限られているために人目に付きにくい、交通量の多い場所でも、室内が比較的静かだという点は、メリットと言えます。

ただ、「人目に付きにくい」というこ

とは、自分の「素」が出やすくなるということ。**人目がなくても自分を律することができる人ならよいのですが、「少しくらいならいいか」**という気持ちから始まった**「だらしなさ」がエスカレートしやすい**と言えます。

そういう意味で**旗竿地は、土地の形状から、心理的にゴミ屋敷になりやすいところがある**と言えるでしょう。

――ゴミ捨て場は必ずチェック

ゴミ屋敷は論外ですが、**住人の家庭ゴミの出し方により、地域の住みやすさは随分と変わります。**

「引っ越し先では、ゴミ捨て場を見よ」と言われるくらい、近隣に住む人のモラルが表れる場所です。

自宅の敷地はきれいにしていても、公共の場所を汚すのは平気。そんな人だらけだったらどうでしょう。自分さえよければいいという自己中心的な人と共存するのは難しいものです。

「割れ窓理論」から考えれば、自己中心的な人が数人いるだけで、ゴミ捨て場はどんどん荒れていきそうです。

測量や境界確定の仕事で訪問した先で、近隣の方への不平不満を聞かされることがしばしばあります。**不平不満の中でも「ゴミ出しのルール」についての愚痴は本当に多い**ような気がします。**意外とみんな、他の人のゴミ出しを見ている**のですね。

私自身も、いろいろな地域の住宅街を歩いて、地域のゴミ捨て場を数え切れないほど見てきました。

きれいな集積所もあれば、ゴミ出しのルールが守られておらず、燃えるゴミ、燃えないゴミ、ひどいときには粗大ゴミまでごちゃごちゃのカオスな状態の集積所もありました。

以前、「ゴミ出しのルールを守れ！」と書かれた張り紙に、ゴミ出しをしている人の顔にモザイクがかかった画像を数枚貼りつけてあるものを見たことがあります。おそらく防犯カメラからの画像だと思われます。見る人が見れば、誰だかすぐにわかってしまうでしょう。

こういう地域は、ある意味管理されているので規律は守られるのでしょうが、いつも監視されていると思うと、なんだか息が詰まりそうですね。

購入する物件を選んでいるときや、引っ越し先を下見するときは、第2章で紹介したプロファイリングではＯＫだったとしても、念のためにゴミ出しのルールや状況も確認しておくといいですね。

Case 2 ド派手な家に住んでいる人は意外とシャイだった

派手な外壁の家が「景観を損なう」として周辺住民から訴えられた事件が、ずいぶん前にありました。

関東のとある県で、私はその事件を思い出すような家の前に立っていました。依頼者さんと隣接した土地に建つ家のうちの1軒です。

これからご挨拶をしなければいけないのですが、しばし考え込んでしまいました。こういう家のプロファイリングはどうしたものかと。

その家の外壁は、所狭しとペイントされています。デフォルメされた動物や昆虫、植物、よくわからない模様。それが、赤、黄、緑、青と彩りも豊かに描かれています。ただの落書きには見えず、どちらかと言えばお上手です。

派手な外壁ではあるものの、不思議と見ていて嫌な感じはしませんでした。

インターフォンを押して出てきたその人物に、私はまたビックリしました。

真っ赤なセーター、真っ赤なパンツ、派手なメイクの70代くらいの女性です。

測量の件でお邪魔した旨を手短にお伝えすると、「そういったことでしたらいいですよ」と、よく通る声ではきはきと答えてくれました。

この派手な外壁の家を含め隣接するお宅へのご挨拶をすべてすませたら、測量作業に入ります。

作業を行っていると、小学生らしき子どもたちが6〜7人、次々とペイントされた家に入っていくのが見えました。

「あのお宅は絵画教室をやっているのですよ」

依頼者さんのその言葉に、私は「なるほど！」と合点がいった気がしました。

言われてみれば、派手な外壁も立派なキャンバスに見えてきますし、家主の女性の全身赤ずくめの出で立ちもアーティストらしくて素敵だなと思えてきます。

まったく現金なものですが、エキセントリックな人でなくてよかった、などと思ってしまいました。

その日は土曜日だったので、お子さんたちはきっと絵画教室の生徒さんだったのでしょう。

――派手な外壁の家、女性の本当の姿

後日、境界立会いをお願いするために、再びあのペイントの家に伺いました。

その日は日曜日で、家主の女性の希望によるものでした。

「相変わらず派手なお宅だなあ」とまじまじと外壁を眺めながらインターフォンを押すと、ドアが開き、家主の女性が出てきました。

その姿を見て、私はまた驚いてしまいました。前回と打って変わって、比べ物にならないくらい地味な女性がそこにはいたのです。

面食らいながらもご挨拶をすると、「こちらこそ……よろしくお願いします」と、丁寧な、でも消え入るような声で答えられました。

前回訪問したときはハキハキと滑舌のよい受け答えをしてくれたのに、今日はずいぶんおとなしいイメージだなあ、と思いました。まさか別人なのでは？　と思わず疑いたくなる変わりようなのです。

説明した境界に納得していただけたので、立会い自体はすぐに終わりました。

このままお礼を言って立ち去ればそれで終わり。この派手なペイントの家に訪れることはもうないはずです。

しかし、私は自分の中で湧き上がってしまったいくつかの疑問を、どうしてもそのままにできませんでした。

「あの外壁のペイント、とても見事ですね。あのような絵を描かれたのは何か理由があるのですか？」

「えっ？」

思いがけない質問をされて困惑したのか、女性は口ごもってしまいました。不躾だったかな、と思ったのですが、恥ずかしそうに、小さな声でこう答えてくれました。

「ええと、あれはね……、子どもたちの興味を引くためにしたんです」

「そうだったのですね。確かにとても可愛い絵ですものね」

「まあ、ありがとう。あの絵のおかげで、絵画教室の生徒さんが一気に増えたの」

女性ははにかみながら、嬉しそうに言いました。

もう少し深くお尋ねしてもよいような雰囲気を感じたので、私は思い切って服装についても尋ねてみました。

「今日のお召し物も素敵ですが、先日の鮮やかな色のお洋服とは随分雰囲気が違いますね」

私はあの服装も、絵画教室と何か関係があるとにらんでいたのです。

「あれはね……、絵の先生用の衣装なの」

「衣装？」

「絵の仕事をするときは、あれを着ないとどうも調子が出なくてね」

想像以上の興味深い答えに、私は嬉しくなりました。

心理学を学び、人の心とは本当に奥が深く、学びが尽きないと思うことばかりです。あの真っ赤な服装は、きっとメイクも含めて、**いわゆるコスプレのようなもの**だったのでしょう。

「でも、今日みたいな格好のほうが実は落ち着くのよね」

女性はまた少し恥ずかしそうに笑いました。

—— コスプレと派手な外壁

心理学の用語に、**「コスチューム効果」**というものがあります。

スーツを着ると仕事モードがオンになるとか、制服を着ると気持ちが引き締まり、普段よりルールに厳格になるとか、そのコスチュームのイメージに合った意識を持つというものです。

ハロウィンなどのイベントで、派手な扮装をすることで、普段の自分とは別人のように大胆になってイベントを楽しむ人たちも、コスチューム効果によるものと言えましょう。

ペイントの家の女性も、真っ赤な出で立ちになることで、無意識に「こちらのほうが絵画の先生としてはしっくりくる」と感じていたのかもしれません。

「赤」という色は、色彩心理学では「情熱」とか、「活動的」というような意味合いがあるそうです。

この絵画教室の先生にとって、本当は内気で素朴なスタイルを好む自分から、「活発でアーティストらしい絵画の先生」を演じるために、派手な服装とメイクをまとうことは、一種のコスプレなのでしょう。

別の人格を作ることで、本当の自分を守ることもできます。アーティストの方は、やはり敏感で繊細だからこそ、一般人とは違う視点で素晴らしい作品を生み出せるところがあります。繊細な素の自分と、もう1人の「派手な先生」である自分とを切り離すことで、必要以上に傷ついたり、疲れたりすることを防いでいたのかもしれません。

ド派手な外壁も、柔らかい自分を守るためのバリアだとも考えられないでしょうか。一見、近寄りがたいような見た目の家なら、ある種の魔除けのようになって、あやしいものをシャットアウトしてくれそうです。

もしもあなたの周りに派手過ぎる家があったらどう思いますか？　すごく変わり者が住んでいるかと思いきや、実は繊細な人が住んでいるのかもしれません。

ただし、冒頭でお話しした訴訟にまで発展したケースのように、**派手すぎる外壁は近隣の人にストレスを与えることもあるようです。通りかかるだけならまだしも、ずっとその家が視界に入るような立地なら、少し注意が必要かもしれません。**

Case 3

街中にぽつんと建つ家の人は警戒心マックスで暮らしていた

土地を売りたいと思っている方がいたら、私たち土地家屋調査士にぜひ声をかけてほしいと思います。

土地を購入したい人は、境界がきちんと確定している土地を欲しがるものです。境界がしっかり確定した土地であれば、そうでない土地より多少なりとも有利に取引を進められるはずです。

都内の一等地にある物件を売却するため、「境界を確定したい」という依頼が届いたときのことです。

ご住所を聞くと、駅から近いエリアにあります。さぞかし騒がしいところにある物件なのだろうと想像したのですが、地図で場所を確認すると大通りから1本入っているので、静かそうな印象を受けました。

駅から近いのに静かに暮らせるというのは、理想的な立地です。売却に出したら、きっとすぐに買い手がつくのではないかとも思いました。

しかし、実際に現地に行ってみると、気になる点がたくさん目につきました。

まず、**家の四方に建物がありません。その家だけぽつんとそこにあるのです。**四角い土地の北側は更地、そして西と南側は**広大なコインパーキングに囲まれています。**東側は道路なのですが、道幅が3メートルほどしかない、**奇妙なほどに狭い道路**でした。

地方に行けば畑の中の一軒家も珍しくありませんが、都内ではこういうぽつんと建っている物件を見ることは滅多にありません。

2階建ての建物からも異様な雰囲気が漂っています。

なんといっても違和感を覚えたのは、**2階の雨戸がすべて閉まっていたこと。**念のため言いますと、その日は雲ひとつない晴天で、私が訪問したときはもちろん昼間。

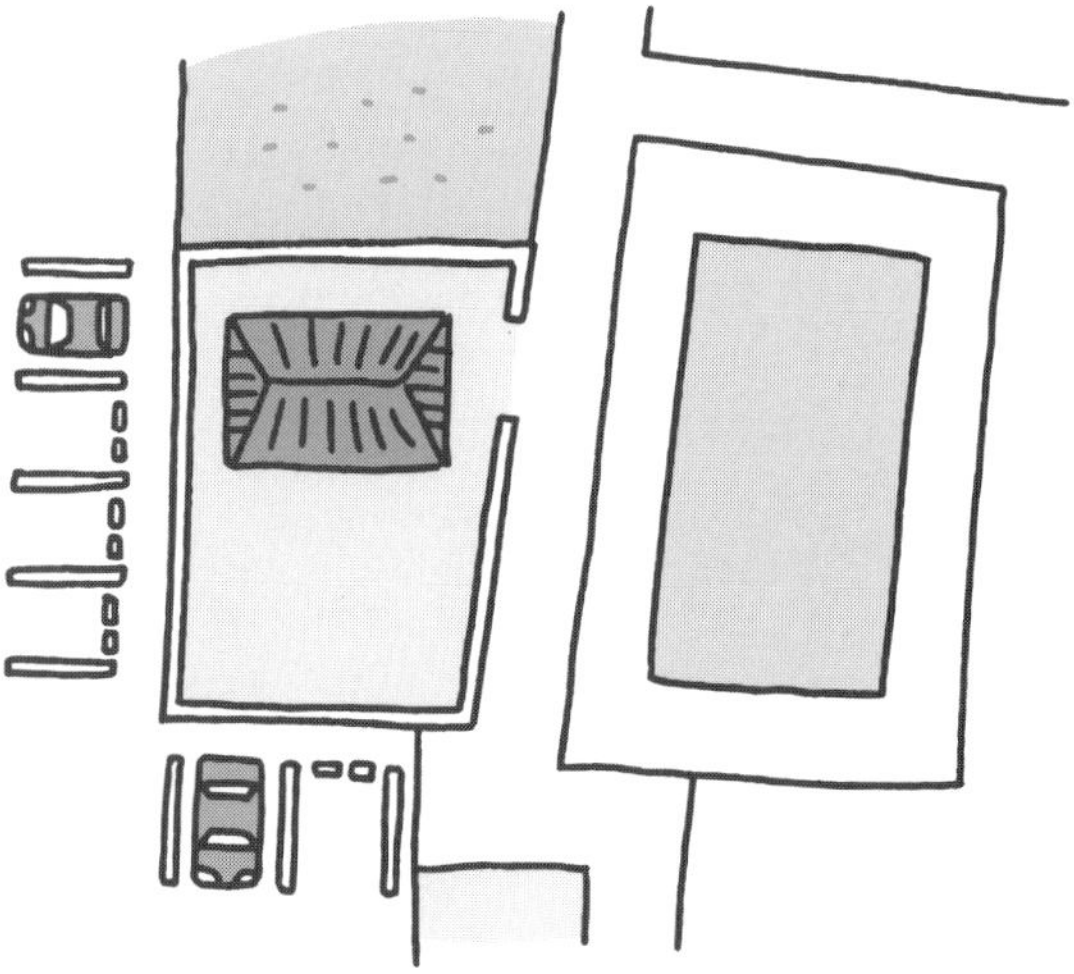

なんだか建物全体から「近づくな」というオーラが漂っている感じがしました。

インターフォンを押しましたが、この家に住んでいるはずの依頼者さんは出てきてくれません。アポなし訪問をするお隣さんたちと違い、依頼者さんとはきちんとお約束の上で訪れたのに、まさかお留守なのでしょうか？　それとも約束を忘れてしまったのでしょうか？

不思議に思って電話をしてみると、なんと依頼者さんは在宅していて、インターフォンを押したのが私だとわかると、玄関から出てきてくれました。

依頼者さんは家主さんの奥さまで、70代くらいの女性です。玄関から出てきたときに、なんだか怯えたような顔つきで、周囲の様子を窺っていたのが印象的でした。

家に招き入れていただいたのですが、玄関を見てさらに驚きが。鍵が3つも付けてあるのです。2つまでなら見ることもあるのですが、**鍵を3つも開けないと家に入れない**なんて、大変過ぎます。

閉め切った2階の雨戸といい、依頼者さんの態度といい、私は高すぎる塀のある家（99ページ）を思い出しました。**自分の存在を他人に知られたくない気持ち、そして人に対する強い警戒心**を感じたのです。

お話ししてみれば、依頼者さんはごく普通の方です。ひと通り測量の打合せがすんだ後は、リラックスした様子で色々なお話をしてくれました。

「そういえば、こちらの玄関は鍵がいくつも付いていますが、ご面倒ではありませんか？」

話の流れの中でふとそう尋ねたところ、依頼者さんの顔にさっと影が差しました。

「実は、空き巣に入られたことがあるんです……」

「なんと……。それは災難でしたね、恐ろしかったでしょう」

「ええ、それも3回も入られているんです……」

思わず身を乗り出して聞いてしまいました。

「えーっ、3回もですか!?」

――空き巣が大好きな家

この家の特殊な立地は、まさに空き巣を呼び寄せる構造だったと思います。空き巣などの侵入者がもっとも嫌うのは人の目ですが、この家は極端に人目がありません。

3メートルほどの狭すぎる前面道路は車の抜け道にもなっておらず、人通りの往来も皆無です。道路を挟んだ向かい側にはアパートが建っているのですが、その出入り口は依頼者さん宅の方を向いておらず、アパートの住人が依頼者さん宅前の道を通ることはありません。

北側は空き地、南西はコインパーキングで、いずれも人が滞留する場所ではありません。

空き巣にとってはほとんど誰にも姿を見られる心配がないのですから、これほど仕事がやりやすい家もないでしょう。

もうひとつ致命的な点を言えば、お隣が「コインパーキング」というところ。コインパーキングではなく月極駐車場だったら、契約している人しか駐車しないので、まだマシです。

コインパーキングは、不特定多数の人が出入りします。その光景が当たり前なので、見たことがない人がいても、あまり警戒心を抱きません。しかも、パーキングに駐車しておけば車の中から家を簡単に覗くことができます。空き巣の下調べも簡単です。

コインパーキングと同様の理由で、**隣が広い公園の場合も、あまり好ましいとは言えません。環境的にはよさそうに思いますが、公園には不特定多数の人が出入りするので、防犯上よくありませんし、何より公園にいる人の視線がストレスにもなります。**

いくら人目による監視が犯罪を防ぐと言っても、よく知っている近所の人などの目でなければあまり意味がないのですね。

幸い、依頼主さんご一家はこの家を売却して引っ越したので、その後は空き巣におびえることもなくなりました。

このようなケースでは、**引っ越すのが最善の策**だと私も考えます。

でも、引っ越すことができない場合は、どうしたらよいでしょうか。

依頼主さん宅のような前面道路が狭い土地の物件は、**建て替え**をすると、道路の幅を広げなくてはなりません。建築基準法上の「42条2項道路」といって、幅が4メートル未満の道路の場合は中心から2メートル当該地側に下がる必要があるからです。いわゆる**「セットバック」**というものです。

道幅が広くなれば土地の印象が変わり、人も車も通りやすくなるので通行量が増えます。将来的に人も滞留していくことで、空き巣に狙われる可能性も低くなっていくことでしょう。

Case 4

高い所にぽつんと建つ家の住人は威張っている人だった

丘の上の一軒家というと、なんだかちょっとロマンを感じますが、その実態はどうなのでしょうか。

私は基本的に都内の仕事を中心に受けているのですが、その仕事は珍しく地方でのものでした。

登記簿や公図（93ページ）で依頼者さんの土地を事前に確認したのですが、そこは30坪ほどの住宅地。近隣も3軒ほどしかなかったので、「それほど大変ではなさそうだな」と高をくくっていたのです。

ところが、現地に行ってみてビックリ！　依頼者さんのお隣の3軒のうちの1軒がかなり特殊でした。依頼者の土地の裏手に**そびえたつ小高い崖の上に、ぽつんと1軒だけ建っている**のです。

崖と言っても、壁面が崩れないよう、**擁壁**《ようへき》というコンクリートの構造物で覆われています。

その丘の上の1軒を見上げながら、思わず「これでも隣地かあ……」とつぶやくとともに、悪い予感を覚えたのでした。

依頼者さんが同行してくださったので、崖の上の家以外の2軒のお隣さんは、問題なくご挨拶を終えることができました。

この調子で、次は崖の上の家にご挨拶をとなったとき、「では、私はこれで」と、依頼者さんがそそくさと退散してしまったのです。

独り取り残され、思わず「えーっ？」と動揺が口に出てしまいました。そして、「あの嫌な予感は、勘違いではなかったようだな」と思ったのです。

崖の上の家は、小高い丘のてっぺんに建っています。まずは坂道を数分歩いて崖の麓《ふもと》まで行かなければいけません。「この上に住んでいる人はどれだけ健脚なんだろう」などと思いながら、汗を拭き拭き、はるか上にそびえるかなり築年数が経っていそうなお宅を見上げます。

ようやく丘の上まで登りきり、インターフォンを押すと、お年を召した女性の声ですぐに返答がありました。家主である夫を呼ぶと言い、一度インターフォンは切れました。

しばらくして、70歳くらいの男性が窓から顔をのぞかせます。

「なんだよ、日曜日にいきなり訪ねて来て！　隣の測量？　俺ん家には関係ないだろ、ああん？」

不機嫌を丸出しにしたような言葉と態度に、思わず足がすくみます。

この仕事をしてきて、突然訪問したお隣さんにこういう対応をされることは珍しくないのですが、機嫌が悪い人を相手にしても、このまま追い出されては後々困ります。

勇気を奮い起こしてこう言いました。

「お休みのところ申し訳ありません。お宅と依頼者の○○様の土地とがこのように接しているので、どうしても立ち会っていただかないといけないのです」と境界線が接していることを、公図を見せながら必死に伝えました。

「面倒くせえなぁ！」

「はい、ご面倒をおかけしますが、後日、この丘の下までご足労いただきたいのです」

「なんだと？　お前らがここまで上がって来いよ」

公図によれば、崖の麓から上はすべてがこの家の土地となっています。

そのことを伝え、土地の境界線が崖の下にあることを伝えると、お隣さんの態度が少し軟化しました。

「えっ、この擁壁も俺の土地なの？」

「はい、そうです」

「ふーん」

お隣さんは少し機嫌がよくなった模様。どうやら、崖が丸ごとご自身の土地だとはご存じなかったようです。

「そんなに大きな土地が自分のものだと知らないなんて有り得るのか？」と思われるかもしれませんが、実は同じところに長らくお住まいの家でも、境界をまったくご存じない方はたくさんいます。

お隣さん、気分をよくしたのか、境界の立会いをすることに納得してもらえました。

依頼者さんのもとに戻り、崖の上のお隣さんにも立会いをしてもらう了承を取りつけたこと、また、休日に訪れてしまったせいか、お叱りを受けたことをお伝えしました。ご近所付き合いに支障が出てはいけないので念のため事の次第を伝えたのですが、「ああ、あの人はそういう人なんですよ」と苦笑いしていました。

聞くところによると、崖の上の住人は偏屈で有名な方らしく、怒鳴り散らされたご近所さんは数知れずだそう。依頼者さんですら顔を合わせたくなくて、今回の挨拶にも同行しなかったのでした。

高いところに住むと人が変わる？

古今東西、権力者が住む建物は高台にあるイメージがありませんか。

高い場所のほうが守りやすく攻めにくいという、防衛上のメリットもあるのかもしれません。

それだけでなく、**一般の人々の生活を見下ろすことで、自分が特別な存在であり、一般人とは住む世界が違うことを確認し、優越感を満たしたい気持ちもあったのかもしれません。**

では、威張っている人が高いところに住むようになるのか、高いところに住んでいるから威張るようになるのか、どちらだと思いますか？

マイアミ大学の研究チームが発表した研究によると、建物の「上層階にいる人ほど、意識のなかで権力をもっている感覚が強くなる傾向」があるそうです（2018年5月25日産経新聞）。

今回の崖の上に住む男性が元から威張り屋だったのかはわかりません。

でも、私は、住環境が少なからず住んでいる人の性格に影響を与えているのではないかと思いました。

周りに家もなく、近所との交流も強制的に断たれ、いわば夫婦2人で孤立した状態です。

崖の上から降りて立会いに臨んでくれたときの男性は、まったく威張ったところもなく、素朴なお人柄を感じられました。

崖の上に住むのは見晴らしもよく、若くて健脚なうちはよいのではないかと思います。**お年を召していくにつれて坂の上り下りは大変になり、自然と上り下りする回数も減って、近隣に住む人たちとだんだん疎遠になってしまうのではないかと、なんだか心配になってしまいます。**

できれば、お身体の不自由がないお元気なうちに、「地上」に降りて生活してほしいと願ってやみません。

――擁壁のある土地は危険!?

今回ご紹介したような**崖の上にある物件は、擁壁の危険性も見逃せません。**

傾斜地や崖地のような高低差のある宅地には擁壁が必ずありますが、擁壁の耐用年数はおおよそ20年から50年と言われています。

実際、２０２０年に擁壁の崩壊により近くを歩いていた学生が土砂に巻き込まれて亡くなる事故が発生しています。

擁壁の持ち主が自分のものであると把握していない場合があることも、今回のケースで知っていただけたと思います。ですから、適切に管理できているかは確認しようがありません。

いつか崩れることがあると考えると、擁壁を含んだ土地や、擁壁の真下など、すぐ近くにはできれば住まないほうがよさそうですね。

国土交通省のホームページには、「我が家の擁壁チェックシート（案）」というページが掲載されています。現在、擁壁のある土地に住んでいる場合や、擁壁近くに住んでいる場合は、ぜひ一度このページで擁壁のおおまかな危険度を確認することをおすすめします。

Case 5

不釣り合いな高級車がある家には恐怖心の強い人が住んでいた

ボロボロのお宅にピカピカの高級車が駐車してあったら、「どんな人が住んでいるのだろう？」と気になる人が多いのではないでしょうか。

「一点豪華主義」という考え方があります。服はプチプラでも、腕時計とかバッグだけ高級品を使用しているような人、あなたの周りでも見かけませんか。

その心理は「見栄っ張り」でしょうか。それとも「合理主義」なのでしょうか。

私が実際に見た例をお話しします。

東京郊外にある依頼者さん宅の測量をしたときのこと。隣地のうち1軒が、いつ訪問しても留守でした。平日に行っても、日曜日に行っても、インターフォンの音がただ鳴り響くだけ。

洗濯物も干してありませんし、室内には電気も点いておらず、しかし、空き家という感じもしません。

私のプロファイルによれば、どうやら一人暮らしとお見受けしました。

気になるのが、小さな車庫に窮屈そうに駐車してあるドイツの高級車です。失礼ながら、お宅はかなり年季が入っており、コンパクト。土地も広くはありません。ただ、その高級車だけがまばゆく、浮いた存在に見えました。

依頼者さんに「お隣はどんな方がお住まいですか？」と尋ねても、見かけたことはほぼないとのこと。

何度目かの訪問をしたある日、ようやくそのお隣さんを捕まえることができました。

30代くらいの気さくな男性だったので、正直ホッとしました。

「お忙しいところご対応いただき、ありがとうございます。なかなかお目にかかれなかったので、今日ご挨拶できてよかったです。週末もお仕事をされていることが多いのでしょうか？」

私が尋ねると、その男性は疲れた顔でこう言いました。

「そうなんです。正社員の仕事の他に、アルバイトもやっているので……」

「ええっ、正社員だけでなく、アルバイトも？　それは大変ですね」

それにしても、どうしてそんなに働かなければいけないのか、疑問に思えて仕方ありませんでした。

それほど生活が苦しいのか？　家は持ち家で、おそらく一人暮らし。何にそんなにお金がかかるのか――？　そう考えているうちに、「あっ！」と気づいて、ピカピカの赤いドイツ車を見つめてしまいました。

家主の視線も、その愛車に注がれていました。

「そうなんですよ。これのローン返済があるから、働かなきゃいけないいんです」

なるほど、高級車をローンで購入していたんですね。

「こういう外国の車がお好きなのですね」

「うーん、そうですねえ……」

私の質問に対して、お隣さんのお返事はなんとも煮え切らないものでした。境界の確認はすぐに終わり、それはよかったのですが、欲しいものを手に入れたはずのお隣さんが全然幸せそうに見えないのが、なんだか少し気がかりでした。

——高級車は重荷だった

数日後、測量図面の書類に、署名と押印をもらうため、もう一度あの高級車のあるお隣さんのお宅を訪問しました。

家の前に着いたとき、思わず「あれっ？」と声が漏れました。あれだけ存在を主張していた高級車が、影も形もないのです。

署名とハンコをもらう約束をしていたけれど、まさかドライブにでも出かけてしまったのだろうか？　そんなふうに思いながらインターフォンを押すと、家主であるお隣さんが家から出てきました。

「あの、車はどうしたんですか？」

立ち入ったことなので聞くべきではないのでしょうが、つい、そんな疑問の言葉が口から飛び出してしまいました。

家主の男性は私の無礼を気にすることもなく、「ああ、あの車、手放したんです」と言うではありませんか。


「なぜです？　あの車のためにお仕事の掛け持ちまでされていたのに」

「あれからいろいろ考えたんですけど……」

忙しすぎる毎日の中、そのお隣さんは、ふと自問自答したようです。あの車が好きだと思っていたけれど、本当にそうなのか、プライベートも休息も犠牲にしてまで持つべきものなのか、と。

そうして、自分の心に素直に従うことにしたのだそうです。


「僕にはあの車は重荷だったんです。考えてみたら、他人からチヤホヤされたいがためだけに車を所有していたということに気づいたんです。実はそれほどあの車が好きだったわけでもありませんでした。その証拠に、売ったらスッキリしたんです」

まさに重圧から解放されたといった晴れやかな顔で言いました。

——承認欲求は怖さから

人には誰しも「他人からよく見られたい」という願望があるものです。心理学では**「承認欲求」**と言います。

他人から「すごい」と言われたら嬉しいものですよね。しかし、その**「すごい」欲しさに、自分を見失いがちになる場合もあるのです。**

高級車やブランド品は、誰の目にもわかりやすく「お金を持っている」と見られるアイテムです。

このお隣さんは、他人からの「ちやほや」、つまり承認を得るために高級車を所有していたのであって、本当に欲しいと思っていたものではなかったと気づきました。

私は、高級品を所有することが悪い、と言っているわけではありません。

高級品は、持っていることでセルフイメージが上がります。それに、品物にもよりますが、作りもアフターサービスもしっかりしていることが多いような気がします。安い物を何度も買い替えるより、長い目で見れば高級品を所有するほうが得をすることもあるでしょう。

みんなが欲しいものなら、値崩れも少ないので、ある程度所有した後に売ることもできますしね。

しかし、高級品を持つ動機が「自慢したい」「ちやほやされたい」「モテたい」など他人の反応目当てになると、ちょっと心配です。

そのような他人軸で生きている限り、自分が満たされることはありません。

その車が大好きで所有しているなら、自分も満たされてハッピーですが、他人に満たしてもらおうとすると、満たされることからどんどん遠のきます。

他人は自分の思い通りにはなりません。全然ちやほやしてくれない人もたくさんいるでしょう。そうなると、今度は手を替え品を替え、「すごい」と言われるために散財したり、無茶なことをして注目を集めたりと、悪い方向に進んでしまうことがあります。

家がボロボロ、身体もヘトヘトなのに高級車だけがある状態は、新しい服でも買うかのように、お金で手っ取り早く承認欲求を満たそうとした結果とも言えます。

その心の奥には、「人に見捨てられたくない」「嫌われるのが怖い」という孤独に対する恐怖が隠れていないでしょうか。

繰り返しますが、それが心の支えになっているとか、好きだから持ちたかったという、自分軸に基づいているならよいのです。

このお隣さんは、ローン返済のために休みもなく働き、きっと乗る時間すらないのに高級車を抱えていたとはいえ、自分で自分の心の問題に向き合って答えを出したところがすごいと思います。自分で気づくのはとても難しいことだと思いますから。

今はきっと自分軸に従って幸せに暮らしているに違いありません。

――高級車にふさわしくない環境

高級車には、それにふさわしい保管場所があります。しっかりシャッターが閉まるガレージや、管理の行き届いた貸し駐車場などです。

お隣さんは、高級車が「重荷」だと表現されていました。それは自分の手に余る高級品だという意味もあったと思いますが、不安という面もあったかもしれません。

雨風にさらされる自宅の駐車場に停めていれば劣化が早まりますし、誰かにいたずらされたり、車上荒らしにあったり、最悪の場合、盗まれる可能性だってあります。そういう心理的な負担も大きかったのではないでしょうか。

高級車が適切に保管されていない家があると、近所に住む人たちも気をつかいます。子どもが遊んでいて車にボールをぶつけてしまうかもしれないし、ふざけて傷を付けたりする可能性もあります。

また、こういう車はエンジン音が大きかったりするので、出庫や入庫のたびに騒音に悩まされるかもしれません。

高級車と接触して事故を起こしてしまったら、賠償金が高額になるのも心配です。

ふさわしくない場所にある高級車は、近所の人たちにとっても重荷という可能性もあるのです。

Case 6

整いすぎた豪邸には厳しい人が住んでいた

都内近郊の閑静な住宅地で測量作業をすることになりました。

平日お仕事をしている隣地の所有者さんたちにも対面でご挨拶できるよう、週末に測量を行うことがあるのですが、この日もそれを期待し、あえて日曜日に測量作業をしました。

お隣さんは素晴らしい豪邸です。さっそく、いつものようにプロファイリングをします。

海外のドラマに出てくるような洋館に、アフタヌーンティでも嗜《たしな》みたくなるような花が咲き乱れる洋風庭園。

充分に整っていて、もうどこを手入れするのかと思うくらいの庭に、3人もの庭師がせわしなく働いているのが見えました。

どの場所から写真を撮っても、おしゃれな雑誌に掲載できそうな完璧な美しさです。しかし、「完璧すぎる」ような気がしました。

手作り表札の家（48ページ）とか、庭をすっきりと整備した家（69ページ）で感じた温かな雰囲気がまるで感じられません。「ウェルカム」な空気はなく、むしろ入るのを躊躇《ちゅうちょ》するような、寒々しさすらありました。

　インターフォンを押して出てきてくれたのは、背筋がしゃんと伸びた、厳しそうな顔立ちの70代の男性でした。依頼者さんの話によると、こちらに住んでいるのは経営者とのこと。この家を見ても、事業でかなりの成功を収めていることが予想されます。

　お隣の経営者さんの厳格な雰囲気は、この完璧すぎる家とどこか似ています。**家と家主は、本当に驚くほど雰囲気が似るのです。**ただ、どちらかと言えば、旅館のような和風な豪邸のほうが似合いそうではありますが。

「お隣の土地を測量させていただくことになったので、ご挨拶に伺いました」

「測量ですか。後日、境界立会いをしなければなりませんか？」

さすがに話が早いな、と驚きました。測量や立会いと言われてピンとくる一般の方はあまりいません。日程の調整をすませて、その日はお暇《いとま》しました。

さて、お約束をした境界立会いの当日。お隣の経営者さんは、40代くらいの男性とともに現れました。

「息子です。この土地は将来的に息子に譲るつもりなので、一緒に立ち会わせます」

一人息子かな？　息子さんが豪邸も財産もすべて受け継ぐことになるのかもしれない。もしかしたら会社も継ぐのかな、などと考えつつご挨拶をしようとしたところ、

「おい！　さっさと名刺を出さんか！」という突然の経営者さんの怒号に、飛び上がりそうになりました。家主の男性が、息子さんを怒鳴りつけたのです。

私に話す丁寧な口調とは別人のようでした。

息子さんは反抗するでもなく、丁寧な所作で名刺を差し出してくれました。

やはり、父親である経営者さんと同じ会社の名前がそこにはありました。

境界の説明がひと通り終わったので、後日図面等を持参することをお伝えし、何もなければこれで解散という段階になりました。

「念のため、もう一度境界を確認させていただけますか？」と、息子さんが私に向かって、境界線を再確認したいと申し出ました。

しっかり確認しようという意思を示していただくのは、私にとっては大歓迎です。さすが、あの厳しそうな経営者さんのご子息だな、と思いました。

「大事なことだと思いますので、何度もすみません。境界線は、ここところを結んだポイントでよろしいですよね」と言う息子さんに対し、

「はい、その通りです。このポイントと……」と説明しかけたところ、

「さっき確認しただろう！」と、また怒声がこだましました。家主の経営者さんが鬼の形相で息子さんをしかりつけたのです。

「1度で覚えられないのか！　この馬鹿野郎が！」

その怒声にビックリしながらも私は、「い、いえ、息子さんのおっしゃる通り、大事なことですから……。何度でもご説明いたしますよ」と伝えます。

なぜこんな些細なことで、ここまで怒られなければいけないのでしょうか。他人の前だから必要以上に厳しくしているのでしょうか。

家主であるお父さんににらまれながら、私と息子さんは、一緒に敷地の細部の境界点を確認して回りました。

お父さんと十分に離れたのを確認してから息子さんは、「父は昔から厳しい人なんです」と、諦めたような顔でため息をついて漏らしました。

普段からこんな様子なのか……と、私は息子さんが気の毒になりました。

——完璧主義は不動産にも表れる

家主の経営者さんは、**礼儀正しい人ではあるのですが、他人にも自分にも「完璧」を求める、非常に厳しい人**なのでしょう。

そうやって自他を厳しく律し続けたからこそ、事業も成功を収めたのだろうとは思います。

その**完璧主義な性格が、不気味なくらい、整いすぎた不動産の外観にも表れていた**のですよね。

完璧主義の人、あなたは好きですか？　周りにいたら息苦しくなるという方も多いのではないでしょうか。

完璧な人など、まず存在しません。完璧であろうとするのはいいことかもしれませんが、それを追い求めてしまうと、ご自身も苦しくなりますし、だらしない人や適当な人を見ると怒りが湧くのか、必要以上に厳しく当たってしまいそうです。

完璧主義の人が近所に住んでいたら、面倒なことも多いでしょう。うっかりやってしまう些細なマナー違反にも、あんな勢いで怒鳴りつけられたらたまりません。

この経営者のお隣さんは、息子さんは身内だから、ことさら厳しくしているというのもあるかもしれません。しかし、それを間近で見せられるのも居心地が悪すぎます。

夫婦喧嘩を見て育った子どもは脳が委縮すると言われていますが、たとえ他人であっても、人の争いを見せられるのは強いストレスになると思います。

近所に完璧主義の人がいて、身内に厳しい言動を取っているのをしょっちゅう見聞きさせられたら、こちらまで消耗してしまいそうです。

こういう完璧主義の家主さんのお宅の庭も、温和で優しい家主さんのお宅の庭も、どちらもきれいという点では共通しています。では、この2つのタイプの人たちのお庭はどのように見分けたらよいでしょうか。

これはまず、直感で見分けることができると思います。見た瞬間、「よい雰囲気だな。なんだか招かれているみたいだな」と感じるか、「きれいだけど近寄りがたいな。ここにゴミを落としたら、なんだか怒られそうだな」と感じるか、その感覚の違いを大切にするしかないと思います。

もう1つ言えることは、**家主のお人柄がよい物件は、家主自らが庭仕事をしているケースが多いようです。土で汚れるのもいとわず、自分の手で土を耕して花壇を作り、花を植えている。そして、家を大切にしていて、家からもまた愛されている、そんな関係が築けているのでしょう。**

一方、この経営者さんのお宅の庭は、庭師の方にお任せでした。家主さんは、おそらく庭にある樹木にも、咲いているお花にも興味がないのでしょう。

完璧な庭であっても、人に財力と威厳を見せるためのものでは、家と人との間には愛がないと言えるかもしれません。

Case 7
独りで広い家に暮らしている人は執着に苦しんでいた

開業して間もないころ、ご高齢の女性が一人暮らしをしているお宅の土地を測量することになりました。てっきりこぢんまりしたお宅かと思いきや、120坪もの広い土地に7LDKの大邸宅です。

こういう家に独りで住む人って、一体どういう人なんだろう？　まだプロファイルの知識も溜まっていなかった頃なので、ぼんやりとそんなことを考えていました。

高級車を乗り回したり、ブランドの腕時計を身に着ける人みたいに、見栄っ張りで高笑いしていそうな、嫌みな人だったりして……。

そんなことを想像していたのですが、実際にお会いした依頼者さんは、小柄でどことなく元気のない印象の方でした。

話していても、嫌味を言われるどころか、威張っているような様子はどこにもありません。

測量に入るまでにその依頼主さん宅を数回訪れたのですが、そのたびにお茶とお菓子を出してくれるような方でした。

しかし、私が着席したとたん、その依頼者さんはとにかくよくしゃべること、しゃべること。お子さんの話、お孫さんの話、亡くなったご主人の話、ご近所の話、戦争時代の悲惨な話……。ゆうに1時間はしゃべり続けました。そのマシンガントークには、私も閉口してしまいました。

でも、何度目かにお会いしたときに気づいたんです。**こんなに広い家に独りぼっちでいて、話し相手もいないのは、寂しいのではないかな、**と。

昔は4人家族で暮らしていたにぎやかな家だったそうですが、娘さんが結婚して家を出て行き、息子さんも結婚して家を出て行き、しばらく夫婦2人で暮らしていたところ、ご主人が他界されたのだそう。

残されたのは広すぎる家と依頼主の女性、ただ独り……。

それでも、女性は長いこと、ご家族の思い出がたくさん詰まった家を手放そうとは思わなかったのだそうです。

―― 執着を手放す勇気

このお仕事をやっていてつくづく思うのですが、住環境がもたらすストレスに気づかずに、そこに住み続けている方が結構いらっしゃいます。

「夫が苦労してやっと手に入れた家なんです。そう簡単には手放せません」

そんなふうに言う人の、自宅を手放したくないというお気持ちはよくわかります。楽しい思い出がそこかしこに残った我が家ですし、その家を買い、長年ローンを払ってきたことがどれだけ大変だったか、身をもって知っているからこそ、人手に渡すなんて考えられないのでしょう。

しかし、**ストレスを感じながら、手に余る大邸宅を維持し、住み続けるようでは、遅かれ早かれ心も身体もむしばまれてしまいます。**

逃れる方法はただ1つ、家に対する執着を手放すことです。

人は一度手に入れたものは、手放し難くなってしまうものです。ひとたび執着を持ってしまうと、自分の考えや行動まで縛られてしまいます。視野が狭まり、他の価値観をなかなか受け入れられなくなってしまうのです。

例えばお子さんたちが、「お父さんも許してくれるよ。売ってしまって、もっと便利なところに引っ越しなよ」などと言ったとしても、**他の価値観を受け入れられない状況であれば、聞き入れるどころではなく、むしろ怒ってしまったりします。**

執着は、誰も幸せにしません。

――もうおびえなくていい

依頼者の女性は、執着を手放し、この物件を売却しました。売却したお金で近くのマンションを購入して引っ越したのだそうです。

「引っ越してよかったわ。空き巣に怯えずにすむようになって、ホッとしてるのよ。オートロックだし、鍵を閉め忘れる心配もなくて安心」と憑《つ》きものが落ちたような明るいお顔で言っていました。

確かに、あれだけの豪邸なら常に空き巣や強盗の心配が尽きなかったでしょう。認知能力が弱まってきたら、鍵や窓の施錠を忘れることも考えられるので、鍵の心配が少なくなったのもよかったポイントです。

マンションなら管理人さんもいるし人目が多いので、高齢者が独りで生活していく上でも安心かなと思いました。寂しい思いをしないように、お話し相手になるお友だちができれば最高でしょう。

住空間が広すぎて持て余してしまうのは、住んでいる人にとってストレスの元でしかないのです。考えたくはありませんが、あの広い家にずっと住み続けていたら、依頼者さんは体調を崩していたかもしれません。

あなたの家の近くに住んでいる人の数と家の大きさが合っていない家があるとしたら、どう考えるべきでしょうか。

今回のケースのように大きすぎる家に独りで住んでいる場合だけでなく、小さな家に大家族で住んでいるようなケースも含みます。

いずれの場合も、住人にとってはストレスになっている可能性が高いのです。

豪邸に一人暮らしの人がいたら、もしかしたら私のように、「見栄っ張りの嫌な人かも」と思ってしまうかもしれません。しかし、このケースのように「不安と孤独を抱え、広い家を持て余しているだけの人」ということもあるのです。もし機会があれば、気にかけてあげてほしいなと思います。

あの大邸宅は取り壊され、その敷地に今は4棟の建物が建っています。どんな人が住み、どんな人生を送っているのかは知りません。家の広さにマッチした人数で、ストレスなく暮らしていることを願うばかりです。

おわりに

これまでいろいろな不動産とそこに住む方々を見てきましたが、本書にはその中でも「印象的で濃い人」を厳選してまとめてみました。

住環境に表れる住人の心のクセを、エピソードを基に、心理的なアプローチを交えながらお伝えいたしましたが、いかがだったでしょうか。

私のやっている仕事は、「土地の境界線」という、目では見えないものを関係者に現地で確認していただき、了承いただければ境界標を設置し、図面をお互いに交付します。

それだけの作業なのですが、そこには人々のポジティブからネガティブまでの「感情」がずっしりと乗っているような気がします。

そのさまざまな「感情」は住環境に表れる。それをたくさんの人に知ってもらいたいと思い、本書を書かせていただきました。

このお仕事は「ジグソーパズル」に似ているなぁ、と感じるときがあります。

ジグソーパズルはピースごとに絵柄も形状も違うので、視野を広範囲に広げて見る視点と、細部に絞って見る視点が必要ですが、その作業が本書で言うところの「プロファイリング」と似ているな、と思います。

周りのピースの絵柄、形状が違うのに、そこに無理矢理違うピースをはめ込もうとしても全然収らない。そうなると、このピース自体にも、隣接しているピースにも負荷がかかり、ストレスが発生します。

パズルのピースをきれいにそこにはめ込むには、周りの絵柄と形状の一致が不可欠です。そうすることで、歪みなどのストレスが無くそこにはめ込むことができます。

住環境もジグソーパズルのように、広い視点と細部の視点で、家と土地をプロファイルしてみてください。

それによって快適な住環境が手に入れられたら、著者としてこれ以上の幸せはございません。

住環境は、本来、住んでいる方の憩いの場であるべきだと思っております。少しでも住環境によるストレスが軽減でき、快適で幸福に過ごせることを心よりお祈り申し上げます。

最後に、本書の出版にあたり、たくさんの方にお世話になりました。この場をお借りして感謝申し上げます。有り難うございました。

平田真義

■著者■　平田 真義（ひらた まさよし）

平田登記測量事務所代表。土地家屋調査士。住環境プロファイラー。日本メンタルヘルス協会心理カウンセラー。

人見知り、小心者、コミュニケーション下手を自覚していたことで失敗を重ね、上司との不仲やパワハラなど、落ち込んでばかりの社会人生活を経験。測量事務所などで実務研鑽後、2005年、土地家屋調査士として独立開業。

開業後、依頼者の土地と近隣との境界線を確認していく作業の中、ご近所同士の不仲、不平不満等に巻き込まれ、軽度の対人恐怖症に陥る。近隣と自分自身のコミュニケーション術をマスターするには「心理学を学ぶしかない！」と思い立ち、日本メンタルヘルス協会の心理カウンセラー資格を取得。人間性を中心とした心理学を学び、近隣関係者との土地境界確認業務に取り入れる。

延べ2,000人以上から依頼を受け不動産を測量する中で、訪れる物件ごとに「どんな人が住んでいるのか」の考察と答え合わせを繰り返し、住人の特徴がわかるようになる。累計20,000枚以上の土地・建物に関する測量図面の作成に尽力。

■平田登記測量事務所ホームページ　https://hirata-tsj.net/

住《す》んでる人《ひと》の性《せい》格《かく》は家《いえ》と土《と》地《ち》が教《おし》えてくれる

2023年11月20日　初版　第１刷発行

著　者　平《ひら》田《た》真義《まさよし》
発行者　石井　悟
印刷所　奥村印刷株式会社
製本所　新風製本株式会社

発行所　株式会社自由国民社
〒171-0033　東京都豊島区高田3-10-11
電話　営業部 03-6233-0781　編集部 03-6233-0786
URL　https://www.jiyu.co.jp/